Rudolf Seitz · Ästhetische Elementarbildung

Staatsinstitut für Frühpädagogik
im Zentrum für Bildungsforschung
München

Arbeitsheft 3

Rudolf Seitz

Ästhetische Elementarbildung — ein Beitrag zur Kreativitätserziehung

Verlag Ludwig Auer Donauwörth

3. Auflage. 1978
© by Verlag Ludwig Auer, Donauwörth. 1974
Alle Rechte vorbehalten
Fotos und Vergrößerungen: Volkmar Dinkel, Nürnberg;
Helmut Hestel (8 Aufnahmen);
Rudolf Egensperger (1 Aufnahme).
Gesamtherstellung: Druckerei Ludwig Auer, Donauwörth
ISBN 3-403-00506-2

Inhaltsverzeichnis 5

9

1. Ästhetische Elementarbildung braucht einen Hintergrund weltanschaulicher psychologischer und auch bildungspolitischer Art, den darzulegen ein Arbeitsheft wie dieses weit überspannen würde. Der Leser hat aber ein Anrecht darauf, zu erfahren, warum der Autor zu derartigen Vorschlägen für die Praxis kommt. In dem Buch „Didaktik der Bildenden Kunst" (verfaßt mit Hans Daucher) wurde versucht, eine Grundlage für die Theorien zu formulieren. Konkret zum Thema finden sich einige Thesen in dem Aufsatz „Ästhetische Elementarbildung" (in: „Was ist vorschulische Erziehung").

2. Dieses Arbeitsheft gliedert sich in verschiedene Kapitel, die jeweils ein Feld ästhetischer Elementarbildung abdecken. Sie setzen auch für die Kreativitätserziehung entsprechende Akzente.
Das erste Kapitel widmet sich der Sensibilisierung der Wahrnehmung und der Differenzierung des Wortschatzes. Die Verbindung von Wort und Bildsprache ist ein Grundtenor des Heftes.
Es wird versucht, das Kind zu befähigen, viele Informationen aufzunehmen und artikulationsbereit zu halten. Dabei werden alle Sinne angesprochen, ausgenommen das Hören. Dafür hat Gerda Zöller in der gleichen Reihe das Arbeitsheft 1 vorgelegt.
Das zweite Kapitel übt die Feinmotorik der Hand, wobei auch Transponierungen der Input- und Outputebenen vorgenommen werden.
Daran schließen sich viele Vorschläge, die Bildsprache des Kindes zu aktivieren, zu entwickeln und zu kultivieren.
Im Sinne der Kreativitätserziehung handelt es sich um ein Hinführen zu komplexen Bildaussagen mit vorangehenden divergenten Denkabläufen.
Im vierten Kapitel wird vor allem das spielerische Moment betont. Die Kinder sollen angeregt werden, aus Neugierhaltung zu experimentieren, umzuformen, neu zu definieren und zu verfremden.
Die Reflexion von Bildzusammenhängen und Zeichensprachen behandelt das 5. Kapitel, ein Bereich, der zu Unrecht noch weitgehend ausgeklammert wird. Neben echten Erlebnissen können hier vielerlei Eigenschaften und Fähigkeiten entwickelt werden bis hin zur gewandten Verbalisierung von Bildsprachen und einer flüssigen Verfügbarkeit optischer und haptischer Informationen.
Das letzte Kapitel schließlich ist der Fähigkeit gewidmet, Tast- und Sehinformationen im Gedächtnis zu behalten — eine Voraussetzung für kreatives Verhalten.
Ein abrufbarer Informationsspeicher, in dem spielend und locker kombiniert und verschoben werden kann, in dem Assoziationen lebendig werden können, unterstützt die Kreativität.

3. Schon diese kurze Übersicht zeigt, daß Ästhetische Elementarbildung nur einen Beitrag zur Kreativitätserziehung leisten kann. Andere Gebiete werden andere Seiten aktivieren. Dieses Arbeitsheft impliziert die Schulung folgender Eigenschaften der kreativen Persönlichkeit:

Sensibilität
Assoziationsfähigkeit
Kombinationsfähigkeit
Fähigkeit zu Analyse und Synthese
Fähigkeit zu Umgestaltung und Verfremdung
Fähigkeit, sich in Bildern, räumlichen und plastischen Gebilden auszudrücken.

4. Das Heft enthält viele Anregungen für die Praxis. Sie sind nicht als Rezeptbuch gedacht. Die vielen „oder" und „usw." meinen, man sollte auch mit dem Heft kreativ umgehen. Es sollen Anregungen sein, für den konkreten Anlaß manche Dinge zu übernehmen oder sich zu pädagogischen Erfindungen anregen zu lassen.
Zwischen den Praxishinweisen finden sich auch immer wieder Angaben und Anmerkungen zum Inhalt. Sie wurden so knapp wie möglich gehalten. Im Literaturteil findet der Leser viele Buchangaben, in denen man Genaueres lesen kann. Der Autor hat auch eine Reihe von Überlegungen in dem Taschenbuch: „Zeichnen und Malen mit Kindern" angestellt sowie in den Richtlinien „Der Übergang vom Kindergarten zur Grundschule".

5. Kreativitätserziehung kann nur geleistet werden, wenn auch ein geeigneter äußerer Rahmen vorhanden ist. Das bedeutet zweierlei.
Der Pädagoge (gemeint sind die Eltern, die Kindergärtnerin, Erzieherin, Sozialpädagogin usw.) ist immer Teil in einem Organismus, der gesund oder krank sein kann. Kreativitätsfördernde Pädagogik hat besondere Merkmale: Eine nicht-autoritäre Lernumgebung, in der das Kind ohne Angst und Druck sich selbst verwirklichen kann und als Partner ernst genommen wird. Es weiß, daß geistige Hypothesen nicht nur geduldet, sondern erwünscht sind und daß Fehler keine Versager darstellen, sondern nicht brauchbare Lösungen. Es weiß auch, daß es bei Enttäuschungen die Zuwendung des Pädagogen erfahren wird.
Eine solche Stimmung befähigt das Kind, ohne Angst sich auf das Abenteuer der Kreativität einzulassen, wo es keine schon bekannten Lösungen gibt, an denen man sich orientieren kann.

6. Aber auch die Lernorganisation muß kreativitätsfördernd sein. Die Experimentierhaltung als Lernziel verbietet von sich aus eine Arbeitsweise, die den Kindern ständig Aufträge in Befehlsform gibt.

Dem methodischen Konzept dieses Heftes liegt in der Einzelplanung der Ablauf kreativer Prozesse zugrunde:

Vorbereitungsphase
Suchphase
Lösungsphase
Verwirklichungsphase

Die Suchphase wird — weil umständlich — in der Praxis häufig übersprungen. Dabei betrügt man aber die Kinder um eigene Erkenntnisse und Einsichten.

Die Suchphase muß eingeplant werden.

Nach der Problemstellung in der Vorbereitungsphase muß intellektuell und praktisch an Lösungsmöglichkeiten herumexperimentiert werden.

Aus der Quantität entwickelt sich dann die Qualität.

7. Die in diesem Arbeitsheft vorgeschlagenen Etuden und Aufgaben für die frühpädagogische Praxis wurden ausnahmslos erprobt. Viele Versuche, vor allem zur Wahrnehmungssensibilisierung wurden — zusammen mit Professor Hans Daucher — an der Erziehungswissenschaftlichen Fakultät der Universität München durchgeführt. Der Autor ist dabei Elisabeth Nowotny verpflichtet. Weitere Versuche wurden in verschiedenen Kindermalschulen und über Seminare und Arbeiten an der Fakultät unternommen.

Seit 1972 entwickelte der Autor am Institut für Frühpädagogik ein Eltern-Kind-Programm für Ästhetische Elementarbildung, das in 6 Parallelversuchen unter psychologischer und medizinischer Begleituntersuchung erprobt wurde. Brigitte Henninger war dabei eine äußerst zuverlässige Mitarbeiterin.

8. Der Grundriß dieses Konzeptes ist in den Richtlinien „Der Übergang vom Kindergarten zur Grundschule" (Herausgeber: Bayerisches Staatsministerium für Unterricht und Kultus) Verlag Ludwig Auer, Donauwörth, enthalten.

9. Auf Dauer dürfen einzelne Programme nicht wie Schulfächer nebeneinanderstehen. Aus diesem Grunde sind Programme zu entwickeln, in denen Sprache, Musik, Bewegung, Tanz, Theater, Bildsprache

und kognitives Denken zu Einheiten verschmolzen werden. Diese Programme werden hohe Fachkompetenz erfordern, künstlerische Einstellung und die Fähigkeit, spontan zu reagieren. Von diesem Moment an ist Kreativität nicht mehr nur Lernziel der Pädagogik, sondern ihr Bestandteil.

10. Die erste Auflage wurde meist positiv aufgenommen. Die Fachkritik setzte an verschiedenen Punkten an. Zunächst ist der curriculare Formulierungsrahmen allemal eine Diskussion wert. Man wird dabei immer einen Kompromiß eingehen. Der hier gewählte war durch das IFP vorgegeben. Er hat sich bewährt bei der Gliederung des Stoffes. Feinziele wirken in der Formulierung oft pedantisch. Der Autor hofft, dies durch die kurzen Beispielangaben etwas abgefangen zu haben. Direkt oder indirekt wurde das Arbeitsheft einige Male mit dem Vorwurf konfrontiert, es orientiere sich an der bildenden Kunst. Das ist richtig gesehen. Der Autor wählte bewußt die Kunst als Bezugsfeld. Nicht eine einzige Argumentation, auch kein anderes Programm war überzeugend genug, dies aufzugeben.
Nicht zu verstehen war der Kritikpunkt, es sei die Kommunikation nicht als Bezugsfeld gewählt worden. Er kann eigentlich nur von Nichtpraktikern kommen. Wie viele Möglichkeiten sich allein in der Themenwahl für die Kapitel III, IV und V ergeben, weiß jeder, der auf diesem Gebiet mit Kindern arbeitet.
Erfreulich, wie gesagt, daß das Arbeitsheft, trotz dieser einzelnen Einwände, so positiv aufgegriffen wurde und jetzt in zweite Auflage gehen kann.

11. Schließlich möchte der Autor allen Kollegen, den Eltern und Kindergärtnerinnen, den Studenten der Erziehungswissenschaftlichen Fakultät München und vor allem den Kindern danken, die mit ihm gearbeitet haben.

München, Februar 1974   *Rudolf Seitz*

Zur dritten Auflage möchte sich der Autor herzlich bei all denen bedanken, die in den letzten Jahren auf Fortbildungen und in Arbeitstagungen mit ihm über das Arbeitsheft diskutiert haben. Aufgrund dieser vielen Gespräche soll noch einmal betont werden, daß die ästhetische Elementarbildung in dieser Form ein Anregungsheft für die Praxis darstellt. Um ästhetische Erziehung betreiben zu können, muß die Ausgangssituation des Kindes und die Gegebenheit des Kindergartens oder der Kindertagesstätte oder auch der Familie mit einbezogen werden. Die ästhetische Elementarbildung ist ein Integrationsfeld, in dem der situative Ansatz Ausgangspunkt sein kann zu Spiel, Gespräch, Rollenverhalten, Tanz, Gestik, Musik und sich schließlich wieder in einer bildnerischen Darstellung niederschlagen kann. Wer das Arbeits-heft so benützt, daß er die einzelnen Punkte der Reihe nach abhakt, verfehlt diesen Ansatz grundsätzlich. Die einzelnen Punkte sollen Möglichkeiten aufzeigen, welche die pädagogische Kreativität des Erziehers unterstützen könnten für seine Kinder in der jeweiligen Situation das Richtige anzubieten oder anzuregen.

München, Februar 1978 *Rudolf Seitz*

Grobziel

Sensibilisierung der Wahrnehmung

Feinziele

1.1.   **Bereich Sehen**

1.1.1.   Das Kind kann Gegenstände seiner Umgebung erkennen und benennen

1.1.2.   Das Kind ist bereit, Dinge seiner Umgebung zu beobachten

1.1.3.   Das Kind reagiert auf Veränderungen der Optik

1.1.4.   Das Kind kann ähnliche Formen vergleichen

1.1.5.   Das Kind besitzt Einblick in Zusammenhänge zwischen Ursache und Wirkung

1.1.6.   Das Kind kennt Farben verschiedener Ordnungen

1.1.7.   Das Kind kennt Assoziationsnamen für Farben

1.1.8.   Das Kind kann Farben gruppieren

1.1.9.   Das Kind kann Farben vergleichen und wiedererkennen

1.1.10. Das Kind kann Gefühlswerte von Farben wahrnehmen

Anmerkungen zu:

1.1.1. *Das Kind kann Gegenstände seiner Umgebung erkennen und benennen*

Man spielt das Spiel: „Ich seh etwas, was du nicht siehst . . .“ Dabei wird ein Gegenstand differenziert beschrieben. Die Kinder erraten den Gegenstand. Anschließend beschreiben die Kinder Gegenstände und raten untereinander oder der Pädagoge rät. Dieses Spiel ist in den verschiedensten Umgebungen (Ausflug) zu spielen. Damit wird die Aufmerksamkeit auf immer neue Bereiche gelenkt und ein entsprechender Wortschatz entwickelt. Die Kinder werden dadurch auf Beobachtung konditioniert.

1.1.2. *Das Kind ist bereit, Dinge seiner Umgebung zu beobachten*

Man geht mit den Kindern zu Orten, an denen es vieles zu beobachten gibt, wie: Baustelle, Beladen eines Möbelwagens, Futterplätze von Tieren, usw.
Man unterhält sich über die einzelnen Beobachtungen.
Durch Impulsfragen werden den Kindern „die Augen geöffnet“. (Beispiel: „Wodurch kann der Bagger seine Greifer öffnen?“ Die Kinder können so beobachten, daß die Greifer mit einem Seil hochgestellt und mit einem anderen geöffnet und geschlossen werden.)

Oder: Man beobachtet mit den Kindern spezifische Bewegungen, zum Beispiel von Tieren. Wie läuft ein Hund, eine Katze; wie springt eine Katze. Wie geht ein alter Mann, eine Frau, die schwer trägt oder die einen Kinderwagen schiebt. Welche Bewegungen macht der Kaufmann, der Polizist, der Schreiner usw.
Diese Beobachtungen können Anlaß zu Unterhaltungen und zu Pantomimen sein.
Nach einem Besuch im Zoo spielt jedes Kind ein Tier, und die anderen erraten es.

Oder: Der geheimnisvolle Kasten.
In eine große Schachtel kann man nur durch ein Loch blicken. Auf der Seite wird ein Lichtschlitz angebracht, so daß beobachtet werden kann, was sich in dem Kasten befindet. Man versteckt einen Gegenstand im Kasten. Ein Kind beobachtet ihn durch das Loch und erzählt den anderen, was es sieht. Die Kinder erraten den Gegenstand.

1.1.3. *Das Kind reagiert auf Veränderungen der Optik*

Man stellt verschiedene Spiegel auf und beobachtet, wie man Dinge um Ecken herum sehen kann.
Spiel einer Spiegelpantomime.

Oder: Man besorgt sich ein großes Stück Weißblech. (Mit einem Chromputzmittel für Stoßstangen kann es poliert werden.) Dieses Blech wird als Spiegel im Sinne des Panoptikums auf Jahrmärkten verwendet. Durch Biegen und Wölben entstehen Verzerrungen. Wenn kein Weißblech zur Verfügung steht, kann auch eine verspiegelte Plastikfolie verwendet werden.

Oder: Man beobachtet mit den Kindern Spiegelungen im Wasser.

Oder: Die Kinder bekommen Lupen, um ganz kleine Dinge zu beobachten (falls vorhanden: Mikroskop).
Die Kinder dürfen ganz kurz durch verschiedene Brillen sehen, um festzustellen, wie sich die Umgebung durch verschiedene Linsen verändert.
Verkleinerungsglas. Fernglas, das vor- und rückwärts verwendet wird.

1.1.4. *Das Kind kann ähnliche Formen vergleichen*

Man sucht einen spitzen Stein (rund, eckig, oval etc.). Die Kinder sollen einen ähnlichen suchen.
Dieses Spiel kann mit vielen Gegenständen gespielt werden. Man kann im Herbst zum Beispiel bestimmte Blätter verwenden, oder man nimmt Puzzlefiguren usw.
Man kann auch zwei gleiche Kunstdrucke in gleiche Quadrate zerschneiden. Das eine Spiel liegt vor dem Pädagogen, das andere — gemischt — vor den Kindern. Der Pädagoge wählt ein Quadrat aus, die Kinder suchen die Entsprechung.

1.1.5. *Das Kind besitzt Einblick in Zusammenhänge zwischen Ursache und Wirkung*

Beobachtung von Spuren.
Auf einer Sandstraße versucht man einzelne Spuren zu entziffern: Fahrrad, Fußgänger, Auto.

Kinder mit verschiedenen Rollern fahren über den Sand. Welche Spur stammt von welchem Roller?
Kinder laufen mit nassen Füßen über den Fußboden. Wer hat welche Spur hinterlassen?
Welche Spur ergibt: Springen, Laufen, Hüpfen, Gehen, Hinken, Kriechen, Liegen (im Gras)?
Kinder gehen über eine Schneefläche. Welche Profilsohlen ergeben welche Spuren?
Beobachtung von Tierspuren.
Man versucht einen bestimmten Vogel an seiner Spur zu erkennen. Welche Spur hinterläßt die Katze, der Hund, ein Hase?

Oder: Welche Spuren hinterlassen bestimmte Werkzeuge wie: Schere, Bohrer, Hammer, Messer, Hobel, Säge usw.?

1.1.6. *Das Kind kennt Farben verschiedener Ordnungen*

Das Kind kann mit Sicherheit: Rot, Blau, Gelb; Grün, Orange, Violett; Braun, Grau; Weiß, Schwarz erkennen und benennen.
In einem Heft wird ein Farbbilderbuch angelegt. Für die genannten Farben werden je einige Seiten reserviert und am Rand mit farbigen Streifen (Filzstifte oder Wachsmalkreiden) gekennzeichnet.
Die Kinder schneiden nun aus Illustrierten und Kaufhauskatalogen Gegenstände aus, die in die Farbseiten passen.

Oder: man legt sich eine Farbsammlung aus Stoffresten (Stoffmusterbücher), Wollen und Garnen oder aus Papierplättchen an. Die Farben werden in verschiedenen Schachteln sortiert. Blaue Schachtel, grüne Schachtel usw.
Für die Farbplättchensammlung eignen sich besonders gut die Kataloge von farbigen Musterpapieren für Grafiker.

1.1.7. *Das Kind kennt Assoziationsnamen für Farben*

Über das Spiel: „Ich sehe eine Farbe, die du nicht siehst", kann das Farbensehen sehr gut differenziert werden.
Das Kind soll einen möglichst reichhaltigen Wortschatz zur Benennung von Farbnuancen haben. Damit wird es zum sensiblen Sehen angeleitet. Dabei haben sich die Assoziationsnamen bewährt. Eine Farbe sieht aus wie:

GELB: maisgelb, sonnengelb, sonnenblumengelb, zitronengelb, dottergelb, bananengelb, sandgelb, löwenzahngelb, butterblumengelb, honiggelb, buttergelb, rapsgelb, kanariengelb, weizengelb, senfgelb, strohgelb, goldgelb, postgelb usw.

GRÜN: lindgrün, grasgrün, moosgrün, wiesengrün, giftgrün, flaschengrün, tannengrün, olivgrün, erbsengrün, froschgrün, spinatgrün, petrol, smaragdgrün, jadegrün, türkisgrün usw.

BLAU: kornblumenblau, veilchenblau, himmelblau, meerblau, nachtblau, taubenblau, marineblau, tintenblau, eisvogelblau, vergißmeinnichtblau, pflaumenblau, rauchblau, kobaltblau, stahlblau, aquamarinblau, lapislazuliblau usw.

ROT: purpurrot, rostrot, blutrot, glutrot, tomatenrot, signalrot, knallrot, himbeerrot, erdbeerrot, kirschrot, rosenrot, mohnrot, bordeauxrot, weinrot, ochsenblut, korallenrot, krebsrot, ziegelrot, lachsrot, pfirsichrot, rubinrot, scharlachrot usw.

VIOLETT: flieder, erika, aubergine, brombeer, bischofslila usw.

ORANGE: feuersalamanderorange, schulranzenorange, feuerlilienorange, mandarinenorange usw.

BRAUN: schakolodenbraun, kakaobraun, tabakbraun, kakibraun, erdbraun, kastanienbraun, haselnußbraun, bernsteinbraun, curry, sandbraun, torfbraun usw.

GRAU: anthrazit, mausgrau, taubengrau, elefantengrau, schiefergrau, steingrau, eselsgrau, nebelgrau, silbergrau, zementgrau usw.

1.1.8. *Das Kind kann Farben gruppieren*

Die Farbsammlung wird nach bestimmten Gruppen sortiert. Beispiel: Helle Farben, dunkle Farben, leuchtende Farben, trübe Farben, durchscheinende Farben, wäßrige Farben usw. Farbreihen von Hell nach Dunkel.

1.1.9. *Das Kind kann Farben vergleichen und wiedererkennen*

Man sucht zu einem bestimmten Beispiel aus der Farbmustersammlung Gegenstände und Dinge, die die gleiche Farbe haben.

Oder: Man stellt einen Farbklang aus Plättchen zusammen und sucht danach einen Blumenstrauß.

Oder: Die Kinder suchen zu einem Blumenstrauß Plättchen aus der Farbsammlung, die die gleiche Farbe haben.

Oder: Die Kinder suchen die gleichen Farben, die ein Pullover oder ein Spielzeug trägt.

Oder: Die Kinder bekommen Aufträge: „Suche eine kornblumenblaue Farbe heraus." Anschließend erteilen die Kinder dem Pädagogen Aufträge und beobachten kritisch das Ergebnis.

Oder: Man baut sich ein Dominospiel aus Kartons und beklebt sie mit verschiedensten Farben (jeweils mindestens zwei gleiche) und spielt damit.

1.1.10. *Das Kind kann Gefühlswerte von Farben wahrnehmen*

Die Kinder gruppieren die Farben nach Gefühlswerten: Traurige Farben, freundliche Farben, kranke Farben, feindliche und böse Farben, unheimliche Farben usw.

Oder: Für den Freund oder die Freundin stellen wir Farben für die Kleidung zusammen.

Oder: Jedes Kind wählt seine Lieblingsfarbe aus.

Feinziele

1.2. **Bereich Tasten**

1.2.1. Das Kind kann über seinen Tastsinn Oberflächenstrukturen unterscheiden

1.2.2. Das Kind kann über seinen Tastsinn Temperaturunterschiede wahrnehmen

1.2.3. Das Kind verfügt über einen geeigneten Wortschatz, um Informationen zu benennen, die es über den Tastsinn aufgenommen hat

1.2.4. Das Kind nimmt Tastinformationen nicht nur über die Fingerspitzen auf

1.2.5. Das Kind kann Oberflächenstrukturen erkennen, vergleichen und benennen

1.2.6. Das Kind kann Oberflächenreize gruppieren

Anmerkungen zu:

1.2.1. *Das Kind kann über seinen Tastsinn Oberflächenstrukturen unterscheiden*

Man unternimmt mit den Kindern eine Tastwanderung durch das Zimmer und durch das Haus. Dabei tastet man die Oberflächen mit der Hand ab.
Man kann erproben, wie unterschiedlich das Tasterlebnis ist, wenn man über einen Gegenstand streichelt, fest darüberstreicht, zupackt, darauf schlägt.

Oder: Man baut eine Tastwand. Auf eine große Preßspanplatte werden vielerlei Oberflächen geklebt (Rupfen, Seide, Leder, Styropor, Kork, Rinde, Schmirgelpapier, Bastgeflecht u. a.).

Oder: In einen großen Karton (Kühlschrankverpackung) wird eine Tasthöhle gebaut. Die Kinder dürfen viele Oberflächen in den Karton kleben und schließlich hindurchkriechen und sich an den Wänden entlangtasten.

Oder: Man klebt verschiedene Kartons übereinander zu einer Plastik. Die verschiedenen Seiten der Kartons werden mit Oberflächen beklebt. Mit verbundenen Augen versuchen die Kinder zu erraten, was sie gerade betasten.

1.2.2. *Das Kind kann über seinen Tastsinn Temperaturunterschiede wahrnehmen*

Die Oberflächen im Raum werden nach Temperaturen betastet. Die Kinder suchen den wärmsten und den kältesten Gegenstand im Raum.

Oder: Man sucht verschieden warme Gegenstände zusammen und versucht sie in eine Temperaturreihe zu bringen. „Was ist wärmer, was ist kälter?"

1.2.3. *Das Kind verfügt über einen geeigneten Wortschatz, um Informationen zu benennen, die es über den Tastsinn aufgenommen hat*

Auch hier eignet sich das Spiel: „Ich spüre einen Gegenstand, den du nicht spürst, der ist . . . glitschig".
Der Pädagoge und die Kinder wechseln sich ab.
Dabei soll ein möglichst reichhaltiger Wortschatz entwickelt werden, wie: glatt, rauh, porös, uneben, eben, kantig, seidig, kalt, kühl, wellig, flauschig usw.
Es können auch hier Assoziationsnamen verwendet werden: marmorkalt, styroporwarm, rupfenrauh u. a.

Oder: Tastkino. In einen Karton sind zwei Öffnungen für die Arme geschnitten. Im Karton ist ein Gegenstand versteckt. Ein Kind greift in den Karton und beschreibt den anderen als Ratespiel, was es spürt.

1.2.4. *Das Kind nimmt Tastinformationen nicht nur über die Fingerspitzen auf*

Dem Kind sind die Augen verbunden. Man hält ihm einen Gegenstand an die Stirne oder an den Unterarm. Es soll ihn erkennen.

Oder: Bei verbundenen Augen sollen Gegenstände mit den Füßen ertastet werden.

Oder: Man breitet über den Tisch eine Decke und versteckt darunter Gegenstände. Die Kinder tasten durch die Decke hindurch und versuchen die Dinge zu erkennen.

Oder: Tasten mit Fingerhandschuhen oder mit Fäustling.

1.2.5. *Das Kind kann Oberflächenstrukturen erkennen, vergleichen und benennen*

Aus einem Tapetenmusterbuch werden kleine Stücke gerissen. Das Kind versucht — bei verbundenen Augen — herauszutasten, aus welcher Seite die Teile stammen.

Oder: Man schneidet sich aus Karton große Dominokarten und beklebt sie mit Oberflächen aus dem Tapetenmusterbuch. Ein normales Dominospiel wäre für die Kinder zu kompliziert, da man ihnen ständig die Hand führen müßte. Es hat sich bewährt, drei Karten mit der Breitseite nebeneinander zu legen und eine vierte vom Kind an der richtigen der sechs Möglichkeiten anschließen zu lassen.

Oder: Das Kind bekommt an der Tastwand — bei verbundenen Augen — den Auftrag: „Zeige mir die Seide."
Kinder und Pädagogen wechseln ab.

1.2.6. *Das Kind kann Oberflächenreize gruppieren*

Die Sammlung der Oberflächen für die Tastwand kann vorher sortiert werden. Nach geeigneten Worten (glatt, rauh, hart, glitschig usw.) werden Gruppen gebildet.

Oder: Kleben von Tastbildern. Auf große Kartons werden Oberflächen unter einem Oberbegriff geklebt: Ein hartes Bild; ein liebes Bild mit weichen Oberflächen; ein kuscheliges Bild.

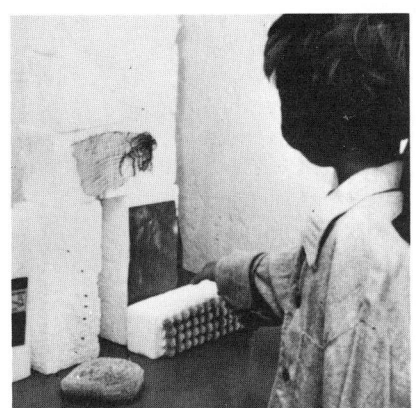

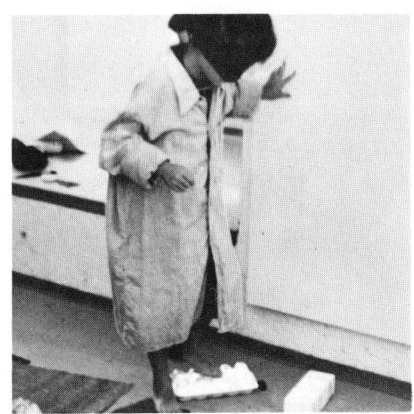

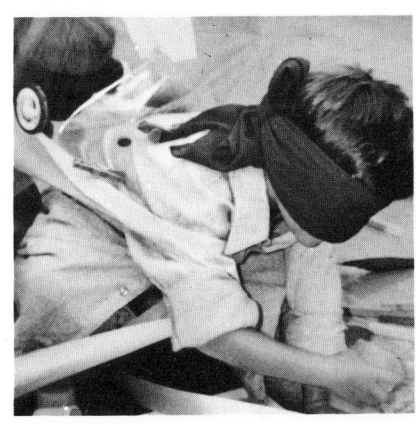

Feinziele

1.3. Bereich Riechen

1.3.1. Das Kind kann Gerüche wahrnehmen

1.3.2. Das Kind kann Gerüche erkennen und benennen

1.3.3. Das Kind kann Gerüche wiedererkennen

Anmerkungen zu:

1.3.1. *Das Kind kann Gerüche wahrnehmen*

Es wird versucht, dem Kind verschiedenartigste Gerüche bewußt zu machen. Wie riechen verschiedene Gegenstände im Zimmer, Erde, Blumen, Gewürze, Parfums, Zahnpasten, Hautcremes etc.
Das zu erwartende Essen wird nach den Gerüchen aus der Küche analysiert.
Wie riechen spezifische Räume, Werkstätten, Kaufladen, Bauernhof etc.

Oder: Man errichtet eine „Riechstraße" mit verschiedensten Sensationen für die Nase.

Oder: Im Garten wird eine Riechecke angelegt. Man pflanzt Kräuter und Blumen, die besonders stark duften.

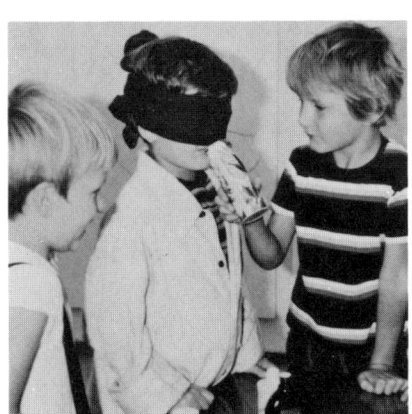

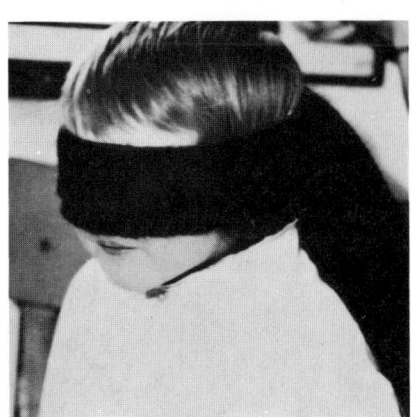

1.3.2. *Das Kind kann Gerüche erkennen und benennen*

Dem Kind werden die Augen verbunden. Man hält ihm verschiedene Dinge aus dem Waschraum unter die Nase, wie: Zahnpasta, Hautcreme, Hautwasser, Parfums usw. Das Kind soll den Gegenstand erraten.

Oder: Das gleiche Spiel kann mit Gewürzen, Speisen, angeschnittenen Früchten etc. gespielt werden. Evtl. kommen auch Materialien in Frage wie Holz, Leder, Papier usf.

1.3.3. *Das Kind kann Gerüche wiedererkennen*

Man geht mit den Kindern im Garten von Blumenstock zu Blumenstock und versucht, den Geruch bewußt wahrzunehmen. Dann werden einem Kind die Augen verbunden. Man pflückt eine Blume, läßt das Kind daran riechen und führt es dann durch den Garten. Das Kind soll erkennen, von welchem Blumenstock die Blume gepflückt wurde.

Oder: Nach diesem Grundmuster lassen sich viele Riechspiele entwikkeln. Zunächst wird ein Ensemble berochen, dann nimmt man von einem Teil etwas weg. Es soll bestimmt werden, wovon es weggenommen wurde.

Oder: Etwas stark Duftendes wird versteckt. Die Kinder sollen das Versteck erschnuppern.

Feinziele

1.4.   **Bereich Schmecken**

1.1.4.   Das Kind kann schmecken

1.4.2.   Das Kind kann Dinge am Geschmack erkennen und benennen

1.4.3.   Das Kind kann Dinge am Geschmack wiedererkennen

Anmerkungen zu:

1.4.1.   *Das Kind kann schmecken*

Es sollte erreicht werden, daß das Kind mit Bewußtsein ißt. Nicht nur: etwas schmeckt gut, sondern: etwas schmeckt süß, sauer, schal, scharf, oder es schmeckt nach ... oder wie ...

Oder: Wie schmeckt etwas, wenn ich mir die Nase zuhalte und nur mit der Zunge schmecke.

Wo schmeckt etwas auf der Zunge (Zonen für süß, sauer, salzig, bitter)?

Oder: Wie verändert sich der Geschmack, wenn ich die Zutaten ändere (mehr Zucker, Salz, Wasser, Gewürze)?

1.4.2. *Das Kind kann Dinge am Geschmack erkennen und benennen*

Dem Kind werden die Augen verbunden.
Man bietet ihm verschiedene Speisen an. Es soll erraten, was es gerade ißt:
Obst in Würfel geschnitten — verschiedene Fruchtsäfte — verschiedene Brotsorten — Weichnachtsbäckereien — Zuckersorten.

1.4.3. *Das Kind kann Dinge am Geschmack wiedererkennen*

Das Kind bekommt einen Brei. Nachträglich gibt man Zucker oder Salz darauf. Das Kind soll erraten, womit man den Brei verändert hat.

Oder: Das Kind bekommt einen Apfelschnitz zum Essen. Anschließend bekommt es drei verschiedene Apfelstücke zum Probieren.
Es soll erraten, von welchem Apfel das erste Stück stammte.

Oder: Dieses Spiel ist in dieser Form beliebig durchzuführen mit verschiedenen Limonaden, Breisorten u. ä.

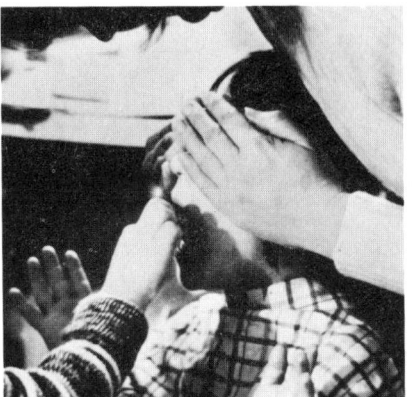

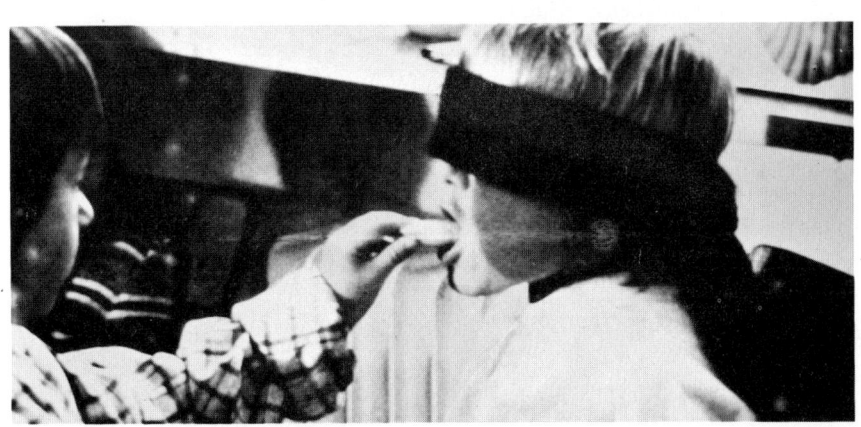

Feinziele

1.5. **Bereich Hören**

Dieser Bereich wird hier ausgeklammert mit Hinweis auf das Buch von Gerda Zöller; Musik und Bewegung im Elementarbereich — ein Beitrag zur Kommunikations- und Kreativitätserziehung. Staatsinstitut für Frühpädagogik, Arbeitsheft 1, München 1972. 2. Auflage bei Auer, Donauwörth 1974.

Medien zu 1.

Geheimnisvoller Kasten (Pappschachtel)
Spiegel
Weißblech
Lupen
Mikroskop
Brillen
Fernglas
Heft für Farbbilderbuch
Farbsammlung
Farbplättchensammlung
Farbdominospiel
Oberflächen zum Tasten
Karton für Tasthöhle
Augenbinde
Wolldecke
Handschuhe
Tapetenmusterbuch
Tastdomino
Tastwand
Gewürze, Parfums usw.
Speisen
Obst
Säfte

Grobziel

Ausreichende Beherrschung der Feinmotorik der Hand

Feinziele

2.1.   Das Kind kennt die Vor- und Nachteile der Haltung verschiedener Schreibmaterialien

2.2.   Das Kind kann einfache handwerkliche Tätigkeiten ausführen

2.3.   Das Kind kann gezielt bestimmte Bewegungsspuren setzen

2.4.   Das Kind kann akustische Impulse in Bewegungsspuren übersetzen

2.5.   Das Kind kann aufgrund rhythmischer Anregung mit beiden Händen Bewegungsspuren erzeugen

2.6.   Das Kind kann auch bei Einschränkung der grafischen Mittel aufgrund rhythmischer Impulse Bewegungsspuren zeichnen

2.7.   Das Kind kann den eigenen Rhythmus in eine Bewegungsspur übersetzen

Anmerkungen zu:

2.1.   *Das Kind kennt die Vor- und Nachteile der Haltung verschiedener Schreibmaterialien*

Viele Kinder benützen anfänglich Schreibgeräte in Faustkeilhaltung. Es hat wenig Sinn, sie zur korrekten Schreib- und Zeichenhaltung zu zwingen. Sie sollen durch eigene Versuche darauf kommen, daß diese die ökonomischste Haltung darstellt. Am besten bekommen die Kinder Zeichenmaterial in verschiedenen Formen: Faser- und Filzstifte, dicke Grafitstifte und Wachskreiden in Stiftform, in Blöcken und als Malbirnen. Jede Form braucht eine andere Haltung, um gut damit arbeiten zu können. Durch Erfahrung stellt sich bald heraus, daß Stifte am besten in Schreibhaltung verwendet werden. Kinder ahmen auch gerne den Pädagogen nach, wenn er selbst schreibt (Kritzelbriefe). Auch so lernen sie, Schreib- und Malgerät richtig zu halten.

2.2.   *Das Kind kann einfache handwerkliche Tätigkeiten ausführen*

Im Bereich der ästhetischen Elementarerziehung fallen viele elementare handwerkliche Tätigkeiten an:
Malen, mischen, abdecken, punktieren, schraffieren, ornamentieren, strukturieren, ritzen, absprengen, einfärben, drucken, durchreiben, frottieren, schneiden, reißen, kleben, falten, nähen, sägen, bohren, schleifen, stempeln, modellieren, kerben, prägen, biegen, aufbauen u. v. a.
Jede dieser Tätigkeiten belastet die Hand in einer anderen Weise und erfordert Sicherheit und Gelenkigkeit. Diese werden während der Tätigkeiten in steigendem Maße miterworben (siehe Grobziel 3).

2.3.   *Das Kind kann gezielt bestimmte Bewegungsspuren setzen*

Durch gezielte Übungen, die in Spielform durchgeführt werden, kann aber die Feinmotorik auch gezielt geschult werden. In dem folgenden Zyklus werden Bewegungsformen trainiert, die beim Zeichnen und Schreiben benötigt werden.

Ausgangspunkt für die Übungen ist ein großer Bogen Papier, der am besten mit einem Kreppklebeband am Tisch befestigt wird. Auf das Papier werden Punkte aufgemalt oder noch besser, gestempelt (Kartoffeldruck). Mit Filzstiften werden dann die Bewegungsspurspiele durchgeführt.
(Bewährt hat sich auch ein Wachstuch, das man mit Tischtuchklemmen befestigt und auf das die Punkte aufgemalt werden, wenn man nicht gleich ein Punktmuster findet. Gemalt wird dann mit abwaschbaren Filzstiften.)
Die Punkte können regelmäßig oder unregelmäßig verteilt sein.

2.3.1.   Runde Bewegungsspuren:
Jeder Punkt ist ein Stein im Wasser. Ich springe von Stein zu Stein.

Oder: Ich überspringe immer wieder einen Stein. Auch rhythmisch möglich: Kurzer Sprung, kurzer Sprung, langer Sprung.

Oder: Die Punkte sind Slalomstangen beim Schifahren. Ich fahre im Slalom eine Hang hinunter.

Oder: Wir bauen viele gewundene Straßen um die Ortschaften (Punkte).

Oder: Ich fahre mit meinem Go-Kart um die Bäume und versuche, nirgends anzustoßen.

Oder: Ein betrunkener Autofahrer fährt um die Bäume. Dazwischen stößt er immer wieder an einem an.

Oder: Die Punkte sind Gräser. Eine Schlange schlängelt sich ganz vorsichtig dazwischen durch.

2.3.2.   Eckige Bewegungsspuren:
Die Punkte sind Bäume. Ein Hase schlägt viele Haken um sie.

Oder: Die Punkte sind Pfosten im Wasser. Ich lege Bretter von Pfosten zu Pfosten.

Oder: Ich fahre Zickzack und berühre jeden Punkt.

Oder: Ich baue große und kleine Kisten. (Immer vier Punkte werden verbunden.)

Oder: Wir zeichnen eine Säge mit vielen Zähnen.

Oder: Wir bauen große und kleine Treppen.

Oder: Wir verbinden möglichst viele Punkte mit möglichst vielen Punkten.

Oder: Von einem Punkt aus schießen wir andere Punkte ab. (Direkte Linie.) Die getroffenen Punkte werden gekennzeichnet.

2.3.3. Kombinierte Bewegungsspuren:
Aus jeweils vier Punkten zeichnen wir eine Schachtel und legen einen Ball hinein.

Oder: Um die Punkte bauen wir große und kleine Torbögen.

Oder: Die Punkte sind Nägel an der Wand. Wir hängen verschieden große Spazierstöcke auf.

Oder: Wir dekorieren einen Saal mit Girlanden.

Oder: Ich schlage Purzeläume um die Punkte.

Oder: Ich zeichne schöne Schleifen um die Punkte.

2.3.4. Die Kinder fahren mit kleinen Spielzeugautos um die Punkte. Statt der Punkte kann man auch Bauklötze aufstellen.

2.3.5. Ein Plastikbecher wird an einer Schnur aufgehängt. Unten sticht man mit einer Nadel ein Loch hinein. Der Becher wird mit Wasser gefüllt, so daß er auf einem Plattenboden eine Spur hinterläßt. Tanzen nach Musik.

2.4. *Das Kind kann akustische Impulse in Bewegungsspuren übersetzen*

Für die folgenden Übungen brauchen die Kinder große Blätter, am besten Makulaturpapier und zwei Filzstifte von gleicher Farbe und Stärke.

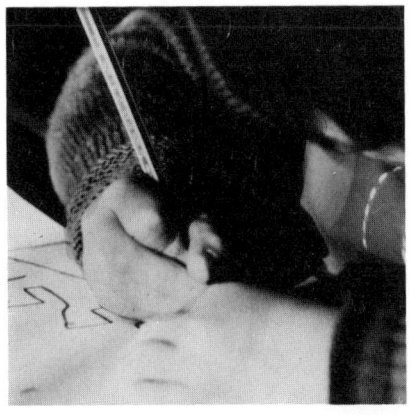

Um die Kinder einzuführen, erzählt man ihnen am besten, das Blatt sei ein großer Kunsteislaufplatz und sie sollten ihre Spur — zunächst mit einem Stift — niederschreiben. Von dieser Vorstellung kann man bei den nächsten Etuden ausgehen. Elektronische Musik (evtl. Klangfiguren von König). Man ist allein auf dem Eis. Die Musik ertönt sehr laut. Man versucht der Musik auszuweichen, wenn laute Impulse kommen und läuft normal weiter bei den leisen Passagen.

Und: Wir laufen Schlittschuh nach stark rhythmischer Musik (Dixieland o. ä.).

Und: Zwei Kinder befinden sich an einem großen Blatt gegenüber. Sie fahren mit ihrem Stift aufeinander zu und zeichnen nun miteinander Bewegungsspuren nach der Musik. Sie sollen sich beim Zeichnen nicht behindern, aber aufeinander eingehen.

2.5. *Das Kind kann aufgrund rhythmischer Anregung mit beiden Händen Bewegungsspuren erzeugen*

Nach Musik verschiedenartigster Rhythmen und Tempi zeichnen nun die Kinder mit zwei Stiften zugleich. Wichtig ist, daß nicht abgesetzt wird und daß wirklich zur gleichen Zeit gezeichnet wird, ohne abzuwechseln. Es müßte erreicht werden, daß die Kinder die verschiedenartigen Rhythmen aufgreifen und daß sie in den Bewegungsspuren ihren Niederschlag finden.

2.6. *Das Kind kann bei Einschränkung der grafischen Mittel aufgrund rhythmischer Impulse Bewegungsspuren zeichnen*

Eine Einschränkung der grafischen Mittel ermöglicht gelegentlich ein intensiveres Eingehen auf die Rhythmen. Wenn man z. B. als Spielregel aufstellt, daß keine langen Linien mehr gezogen werden, sondern nur kurze Striche (ca. 3 Finger breit) nach dem Motto: Es regnet und der Sturm bläst hinein, so entspricht das Zeichnen etwa der Bewegung auf einem Schlagzeug.

Oder: Aus einer Handdrehung zeichnet man kleine Halbkreise. Dabei sind die Daumen oben.

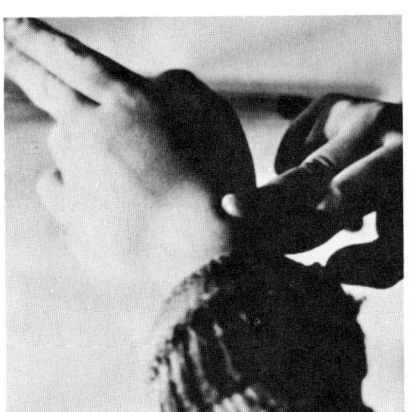

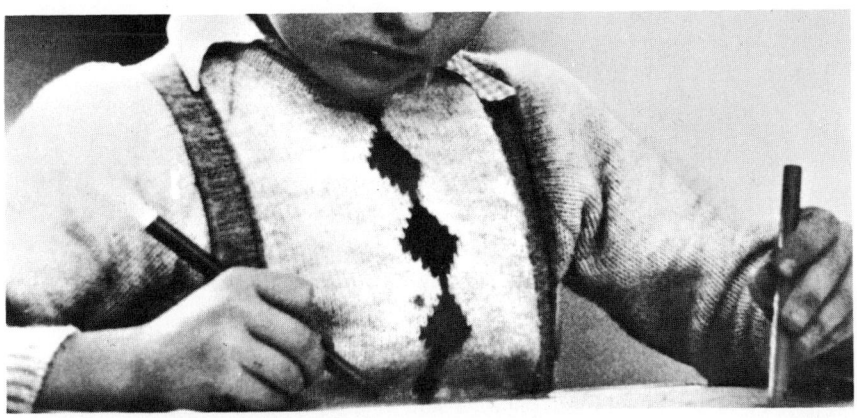

2.7.   *Das Kind kann den eigenen Rhythmus in eine Bewegungsspur übersetzen*

Zur Vorbereitung dieser Etude arbeitet man am besten mit einer Meditationsplatte (music for Zen meditation; music for Yoga meditation) und bittet die Kinder, ganz langsam zu zeichnen. Die Musik führt zu kontemplativen Bewegungen beider Arme und Hände. Die Kinder sollen in sich hineinhören, bis sie ihren eigenen Herzrhythmus spüren. Darüber wird geatmet. Nach einiger Zeit wird versucht, beidhändig diesen eigenen Rhythmus niederzuschreiben.

Medien zu 2.

Filz- und Faserstifte
evtl. Kreiden
Papiere in großen Formaten
Makulaturpapier
Kreppklebeband
Papiere, die durch Punkte gekennzeichnet sind
Plattenspieler
Schallplatten

Die übrigen Medien (zu 2.2.) sind unter 3. spezifisch angegeben.

Grobziel

Fähigkeit, sich angemessen bildhaft auszudrücken

Feinziele

3.1.	**Bereich Zeichnen, Setzen von Zeichen**
3.1.1.	Das Kind entwickelt ein Zeichenrepertoire zur Darstellung des Menschen und von Menschen untereinander
3.1.2.	Das Kind entwickelt ein Zeichenrepertoire zur Darstellung von Tier und Pflanze
3.1.3.	Das Kind entwickelt ein Zeichenrepertoire zur Darstellung seiner Umgebung
3.1.4.	Das Kind entwickelt ein Zeichenrepertoire zur Darstellung technischer Zusammenhänge
3.1.5.	Das Kind entwickelt die Fähigkeit, räumliche Zusammenhänge auf dem Blatt angemessen darzustellen
3.1.6.	Das Kind entwickelt die Fähigkeit, das Verhältnis von Menschen und Dingen untereinander zu proportionieren

Anmerkungen zum Thema Bildsprache:

1. Die kindliche Bildsprache ist eine Dokumentation des Bewußtseinsstandes der Kinder. Ein Kind zeichnet was es weiß und nicht, was es sieht. Victor Löwenfeld hat das bei seinen Versuchen mit schwachsichtigen und normalsichtigen Kindern überzeugend nachgewiesen.

2. Es gibt deshalb keine Fehler in der Kinderzeichnung, höchstens Nachlässigkeiten. Und auch das bedeutet, daß dem Kind irgendein Detail im Augenblick der Zeichnung nicht gegenwärtig ist. Will man also die Kinderzeichnung verändern, kann man nicht die Zeichnung korrigieren. Das wäre nur Symptombehandlung. Alles, was für das Kind ein Erlebnis darstellt und was ihm bewußt geworden ist, alles was von Bedeutung ist, schlägt sich in der Zeichnung und überhaupt in der Bildsprache des Kindes nieder.

3. Die Entwicklung der Bildsprache der Kinder weist bestimmte Gesetzmäßigkeiten auf. Sie werden in späteren Anmerkungen noch detailiert. Das macht sie sehr klar lesbar.
Das Kind durchläuft dabei aufeinander aufbauende Entwicklungsstufen. Es gibt keine allgemeine Norm, in welchem Alter welche Entwicklungsstufen auftreten. Das hängt von vielen Faktoren ab, wie Anregung durch Eltern oder Geschwister; Möglichkeiten, die von der Umgebung her bestehen; Neigung des Kindes, sich auf der Ebene der Bildsprache zu artikulieren. Auch über die Länge der einzelnen Entwicklungsstufen können keine verbindlichen Angaben gemacht werden. Es wird aber beobachtet, daß fast jedes Kind alle Stufen durchläuft. Nur selten wird eine übersprungen.

4. Die Bildsprache klärt die Vorstellung. Im Gegensatz zum Wort, das verhältnismäßig ungenaue Dinge benennt (das Wort „Stuhl" beinhaltet sehr viele mögliche Stuhlformen), verlangt die Zeichnung, daß etwas so und nicht anders gemeint ist. Eine Kinderzeichnung setzt also auf der einen Seite einen komplexen Vorstellungshintergrund voraus, ist auf der anderen Seite aber ein analytischer Vorgang.

5. Mit dieser Klärung der Vorstellung hängt auch zusammen, daß das Kind über die Bildsprache Konflikte darstellen und distanzieren kann. Sie wird damit für den Pädagogen einerseits ein wertvolles Dokument über das Umwelt- und Selbstverständnis des Kindes, andererseits kann sie auch Aussagen machen über auftretende Komplikationen. Man sollte sich allerdings vor allzu leichtfertigem Psychologisieren hüten.

Es sollten immer möglichst viele Zeichnungen des Kindes herangezogen werden und nur im Kontext mit sonstigen Beobachtungen.

6. Als Grundlage für psychologische Beurteilung sind Spezialtests mit Kinderzeichnungen entwickelt worden, wie: „Draw a man" (Goodenough), „Baumtest für Kinder" (aufbauend auf Koch) und „Unsere Familie in Tieren" (Brem-Gräser). Die Auswertung setzt gediegene psychologische Kenntnisse voraus. Die Tests werden auch nur in Testbatterien verwendet.

7. Die weitverbreitete Unsicherheit Erwachsener, sich in Bildsprache auszudrücken, läßt sich fast ausnahmslos auf Fehler in der Förderung der Kinder im Alter bis zu 12 Jahren zurückführen. Das Kind braucht Zuwendung und positive Verstärkung. Dabei wird man sehr behutsam vorgehen. Das Kind muß aber wissen, daß Leistung anerkannt wird.
Wesentlich dabei ist der Gesichtspunkt, daß jede Entwicklungsstufe eine vollgültige, adäquate Aussage des Kindes darstellt und nicht nur den Übergang zur nächsten Stufe.

8. Bei Anerkennung dieser Fakten verbieten sich Vorzeichnen oder korrigierendes Hineinzeichnen in die Blätter der Kinder. Ein Kind, das die Bildsprache selbstverständlich findet, braucht so etwas nicht und wird nur verwirrt oder mutlos. Aus dem gleichen Grunde sind auch Malbücher abzulehnen. Sie bieten dem Kind Formen an, die ihm nicht gemäß sind. Die Begründung, daß damit die Feinmotorik geschult wird, zieht nicht, da es hier wirklich angemessenere Wege gibt. Besonders schädlich sind Bücher mit Formeln, wie: Ein großes Oval ist der Bauch ein kleineres der Kopf, zwei lange Ovale sind die Ohren des Osterhasen usw. Kinder greifen diese Formeln begeistert auf und verwenden sie jahrelang. Damit wird aber die Entwicklung der eigenen Bildsprache abblockiert.
Auszunehmen sind einige kreative Malbücher. Man muß sie aber sehr kritisch anhand der Kreativitätstheorien betrachten. Manche, die sich so geben, sind in Wahrheit außerordentlich manipulativ.

9. Um die Entwicklung der einzelnen Kinder besser verfolgen zu können, empfiehlt es sich, für jedes Kind eine eigene Mappe anzulegen. Selbst, wenn es mühsam ist, soll jede Arbeit hinten beschriftet werden. Man überschätzt hier leicht sein Gedächtnis.
Dabei ist das Datum unnötig, da nur wichtig ist, wie alt das Kind war, als es die Arbeit verfertigte. Also:
Bärbel 4/5 (4 Jahre 5 Monate), Thema der Arbeit und nach Möglichkeit ein Kurzprotokoll über Aussagen des Kindes zur Arbeit.

10. Wenn Arbeiten ausgestellt werden, was sehr zu befürworten ist, darf es keine Favoriten geben. Von jedem Kind werden Arbeiten gezeigt. Die Ausstellung soll eine ständige Wechselausstellung sein. Die jeweils neuesten Arbeiten werden vorgestellt. Wenn Arbeiten zu lange hängen, kopieren sich Kinder selbst, weil sie den Erfolg wiederholen wollen.

11. Häufig sagen Kinder, sie wüßten nicht, was sie zeichnen oder malen sollen. Das ist ein kritischer Moment. Allzu leicht sagt man dann: „Zeichne doch . . .“ Es lohnt sich an ein Erlebnis, eine Geschichte, eine Fernsehsendung anzuknüpfen und so eine Szene herauszukristallisieren, die das Kind bearbeiten möchte.

12. In jedem Fall ist Erzählen besser als Vorlesen. Beim Erzählen kann man sich auf das Aufnahmevermögen der Kinder einstellen und vor allem so anschaulich sprechen, daß sich beim Kind Einzelinformationen zu Bildvorstellungen verdichten. Dabei ist sorgsam darauf zu achten, daß für das einzelne Kind Interpretationsbreiten erhalten bleiben. Es ist auch reizvoll, die Geschichte an einem dramatischen Punkt abzubrechen und den Fortgang in Bildern ausdrücken zu lassen.

13. Wenn eine neue Technik eingeführt wird, sollen die Kinder hierin erst experimentieren und Erfahrungen sammeln. Eine neue Technik und eine Geschichte zur Bearbeitung ist im allgemeinen eine Überforderung.

14. Es erübrigt sich wohl, zu sagen, daß es viel sinnvoller ist, thematische Inhalte von den Kindern entwickeln zu lassen, spontane Impulse aufzugreifen, eine innere Differenzierung anzustreben, als Inhalte von außen anzubieten.

15. Vor fertigen Arbeiten sollte man sich bemühen, durch geschicktes Fragen Äußerungen der Kinder zu provozieren, wenn sie nicht von selbst sprechen. Für die Kinder beleidigend sind Fragen, wie: „Was soll denn das sein?“ oder: „Ist das ein Fußballtorwart?“ Das Kind hat sich in seiner Sprache und mit seinen Möglichkeiten ausgedrückt und wird nicht verstanden.

16. Es gibt natürlich Kinder, die sich mit mehr Freude, Phantasiereichtum und Fleiß bildnerisch ausdrücken. Meist erfüllt das die Eltern mit sehr viel Stolz über so viel Begabung. Sie malen sich oft recht ausführliche spätere künstlerische Laufbahnen aus. Normalerweise lassen sich hier keine Prognosen stellen. Man sollte auch mit Ausdrücken, wie

„Kinderkunst" vorsichtig umgehen. Doch die Voraussetzung einer zu-
künftigen künstlerischen Entwicklung — auch nach der Pubertät —
ist eine entsprechende Frühförderung mit Verständnis, vielen Anregungen und einem ausreichenden Angebot an Materialien.

Anmerkungen zu:

3.1.1. *Das Kind entwickelt ein Zeichenrepertoire zur Darstellung des Menschen und von Menschen untereinander*

3.1.1.1. Die Themenstellungen ergeben sich aus dem Umweltverständnis des Kindes. Sobald das erste Zeichen für den Menschen gefunden
ist, wird es auch benannt. Oft heißt es einfach „Mann", „Mama" oder
„Ich" oder in der dritten Person „Hansi". Je mehr das Zeichen ausdif-
ferenziert wird, desto eindeutiger ist es dann jemand bestimmter, sogar
mit „besonderen Kennzeichen". Im schulreifen Alter werden ohne weiteres auch Zusammenhänge dargestellt. Der Weg führt also vom Ein-
zelzeichen „Mensch" zur Darstellung der „Familie", der „Kinder" bis
zu gehörten und erlebten Geschichten. Je selbstverständlicher Wand-
tafeln, Papier, Stifte oder Kreiden zur Verfügung stehen, desto mehr
werden die Kinder zeichnen wollen.
Methodisch werden sich Eigentätigkeit des Kindes und Anregung von
außen abwechseln und ergänzen.
Dabei können auch problemlösende Themen gestellt werden. „Was tut
man, wenn zwei Menschen streiten" usw.

3.1.1.2. Zur Entwicklung des Zeichenrepertoires:

a) Die ersten Zeichen sind Bewegungsspuren. Man spricht von der
„Kritzelstufe", wobei verschiedene Arten unterschieden werden:
Schwungkritzeln, Hiebkritzeln, Zickzackkritzeln (nicht zu verwechseln
mit kindlichem Briefschreiben).

b) Nach einiger Zeit werden die Kritzeleien benannt. Sie bedeuten etwas, wobei die Bedeutung wechseln kann. Man nennt das Produkt
„sinnunterlegtes Kritzeln". Das Kind hat ein verändertes Verhältnis
zum Ergebnis seiner Kritzelei.

c) Aus den Kritzelspuren schälen sich zwei gewollte Grundformen
heraus: Kreis und Kreuz. Der Kreis bedeutet Inhalt, Gestalt, Gemein-
tes — das Kreuz meint: Es steht etwas ab, es trennt sich (der rechte
Winkel ist als größtmögliche Richtungsunterscheidung dafür die beste

Ausdrucksmöglichkeit. Man spricht deshalb auch vom R-Prinzip, das sich durch die Kinderzeichnung bis über die Schulreife hinauszieht).

d) Das erste Zeichen für „Mensch" ist der sogenannte „Kopffüßler": Ein Kreis mit Andeutungen für Gesicht mit Armen und Beinen. Das bedeutet aber nicht, daß das Kind nur vom Kopf weiß. In dieser Stufe meint der Kreis Körper, Figur, Kopf und Leib.

e) Im Verlauf der weiteren Entwicklung wird der Raum zwischen den Beinen des Kopffüßlers mitgestaltet. Schließlich bildet der Leib ein eigener Kreis mit „Mittelpunkt". Hände und Füße werden präziser gestaltet.

f) Zunehmend erhält das Menschzeichen mehr Attribute, bis schließlich eindeutig Mann und Frau unterschieden werden. Die Figuren sind additiv aus geometrischen Formen zusammengesetzt.

g) Mit wachsender Sicherheit wird die Figur mehr und mehr ausgeschmückt. Kinder, denen das Profil des Gesichtes bewußt geworden ist, finden oft zu originellen Darstellungslösungen, da bei ihnen der Drang, alles darzustellen, was sie wissen, mit der Beobachtung kollidiert. So haben die Gesichter manchmal zwei Augen und zwei Nasen (auf der Seite wie der Mund) usw.

3.1.2. *Das Kind entwickelt ein Zeichenrepertoire zur Darstellung von Tier und Pflanze*

Ebenso entwickelt das Kind zunehmend differenziert Zeichen für Pflanzen und Tiere. Wenn der erste Baum ein Strichstamm mit quergestellten Linienzweigen war, so wird bald ein rechteckiger oder spitzpyramidenförmiger Stamm daraus, an dem im rechten Winkel die Äste sitzen und an denen die Zweige (anfänglich wieder im rechten Winkel). Diese Zeichen werden auch in der Grundschule noch verwendet.
Das Tier ist ein „umgelegter Mensch" mit vielen Beinen. Dabei ist zunächst gleichgültig, ob es sich um einen Hund, einen Vogel oder einen Fisch handelt. Erst allmählich werden deutlichere Attribute ausgewählt, wobei das Gesicht ein Menschengesicht ist, an das nach Bedarf Hörner, Rüssel oder dergleichen angefügt werden.

3.1.3. *Das Kind entwickelt ein Zeichenrepertoire zur Darstellung seiner Umgebung*

Mit zunehmendem Umweltverständnis hat das Kind dann genügend Zeichen zur Verfügung, um seine Umgebung darzustellen. Es kann

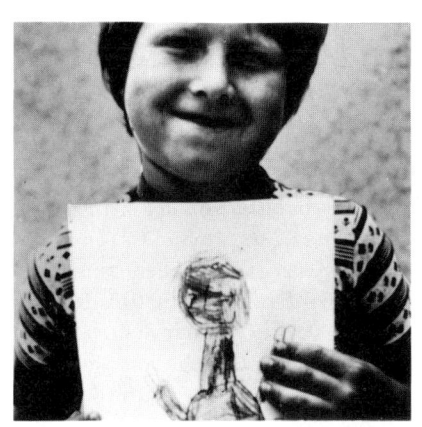

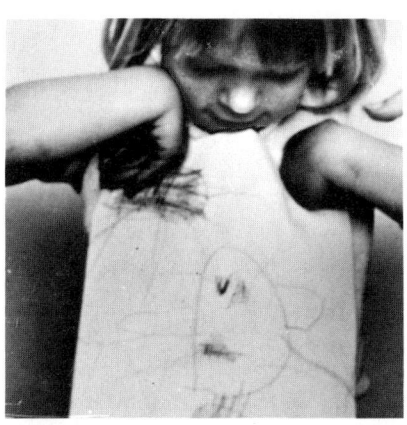

seine Spielzeuge ebenso zeichnen wie Häuser, Autos, den Berg und den Garten oder Tisch und Stuhl. Dabei will das Kind von den Gegenständen soviel wie möglich zeigen; da es nicht wie wir Erwachsenen auf einen bestimmten Blickpunkt festgelegt ist, kommt es zu Konstruktionen, die von laienhaften Erwachsenen oft als Verzeichnungen oder Fehler angesehen werden. So sitzt auf den beiden Tischbeinen eine nach oben in die Fläche geklappte Tischplatte, von der schräg noch die beiden anderen Beine wegstehen. Das Kind weiß: Der Tisch hat vier Beine und eine Platte, auf die man vieles daraufstellen kann. Diese „Umklappungen" (ein eigentlich falscher Erwachsenenausdruck) finden sich sehr häufig. Ein Haus wird von vorne, von der Seite und von hinten zugleich in einer Fläche dargestellt. Man spricht von Simultanperspektive. Manchmal ergibt sich für das Kind die Notwendigkeit, auch noch ein Zimmer im Haus zu zeichnen oder eine Treppe. Dann vermischt es ohne Hemmung Innen- und Außenansicht. Es handelt sich hier um Röntgenbilder. Im Bauch des Selbstbildnisses sind die vielen Knödel zu sehen, die das Kind gegessen hat. So vermag das Kind innere Zusammenhänge ausdrücken, was dem Erwachsenen mit seiner festgelegten äußern Optik normalerweise versagt bleibt.

3.1.4. *Das Kind entwickelt ein Zeichenrepertoire zur Darstellung technischer Zusammenhänge*

Früher glaubte man, die Kinder würden Menschen und Dinge in ihrer Zeichnung als Ganzheiten sehen. Heute wissen wir, daß auch Kinder dieses Alters ohne weiteres problemlösend und auch funktional zeichnen können. Man ist immer wieder verblüfft, wie genau Kinder einem mit dem Stift erklären können, wie etwas funktioniert. Es stellt kein Problem dar, die Funktion eines Krans zu zeichnen oder eines Windrades, wenn das Kind den Zusammenhang verstanden hat. Nach Exkursionen sollte man mit dem Stift vieles erklären lassen (er-klären).

3.1.5. *Das Kind entwickelt die Fähigkeit, räumliche Zusammenhänge auf dem Blatt angemessen darzustellen*

Das Kind will alles möglichst deutlich darstellen. Es vermeidet deshalb unter allen Umständen Überschneidungen. Das führt zu interessanten Lösungen bei der Darstellung von Räumen und räumlichen Zusammenhängen.

a) Zunächst verteilt das Kind das Dargestellte willkürlich auf das Blatt, ohne das Format irgendwie zu beachten. Man spricht vom „Streubild".

b) Bald ordnet sich das Blatt nach oben und unten. Beide Grenzen werden möglicherweise durch Striche noch verstärkt. Oben ist der Himmel, unten die Erde, dazwischen die Luft. Alles steht auf der Unterkante des Blattes: „Standlinienbild".

c) Schwierig wird für das Kind die Situation, wenn es so vielerlei darstellen will, daß die Standlinie nicht mehr ausreicht. Jetzt müßten Dinge hinter die anderen treten. Um nichts überschneiden zu müssen, zieht das Kind sie übereinander in die Fläche: „Flächenbild".

d) Wenn nun im Sinne des Flächenbildes eine Straße über die Fläche als breites Band geführt wird, müßte das Kind im Sinne der Erwachsenenlogik die Bäume, Häuser und Autos von oben zeichnen. Für das Kind ist das unlogisch, es wählt die optimale Ansicht. Um die unterzubringen, dreht es das Blatt, bis es die Straße von der Seite sieht. Hier werden nun — auf einer neuen Standlinie — die Häuser aufgestellt. Für die Gegenseite wird das Blatt einfach gedreht. Das ergibt eine Standlinie für die anderen Häuser. Sie scheinen auseinandergeklappt. In Wirklichkeit stehen sie auf beiden Seiten der Straße: „Drehbild".

e) In Einzelfällen zeichnen schulreife Kinder gelegentlich erste Überschneidungen: „Schrägbilder". Häufiger tritt bei einzelnen Gegenständen eine Plastizität im Sinne einer „Kavaliersperspektive" auf. Hierin kündet sich die Weiterentwicklung der räumlichen Darstellungsmöglichkeiten an.

3.1.6.   *Das Kind entwickelt die Fähigkeit, das Verhältnis von Menschen und Dingen untereinander zu proportionieren*

In der Proportionierung hat das Kind vorzügliche Möglichkeiten, Wertungen vorzunehmen. Da es sich nicht an der sichtbaren Wirklichkeit orientiert, sind andere Gesichtspunkte maßgebend. Das Kind zeichnet alles groß, was ihm wesentlich erscheint: „Ausdrucksproportion". Ein Mensch, der schnell läuft, hat sehr lange Beine. Aber auch das eigene Verhältnis zu anderen wird in der Ausdrucksproportion deutlich. Ein Kind, das sehr unter seinem dominanten Bruder litt, zeichnete sich ganz klein neben die große Figur des Bruders. Die wachsende Ich-Stärke konnte man sehr gut an der Zeichnung ablesen.

Feinziele

3.2.	**Bereich Malen, Umgang mit Farbe**
3.2.1.	Das Kind kann Farbmaterialien unterscheiden
3.2.2.	Das Kind kann Farbmaterialien auf einen Bildträger auftragen
3.2.3.	Das Kind kann Farben mischen
3.2.4.	Das Kind kann mit Farben komponieren

Anmerkungen zu:

3.2.1. *Das Kind kann Farbmaterialien unterscheiden*

Den Kindern werden alle verfügbaren Farbmaterialien zur Verfügung gestellt: Fingerfarben, Wachskreiden, Wachsblöcke, Malbirnen, Filzstifte, Pucks, Vorschulmalkasten, pastose Farben (Schultempara), Plakatfarben, flüssige Farben (Tinten, Tuschen).
Die Kinder sollen die Farben sortieren und benennen. Im Laufe der Zeit sollten sie die Vorteile der spezifischen Farben kennen:

Fingerfarben
Starker sinnlicher Reiz, da die Farbe mit den Fingern aufgetragen wird. Gut verwendbar auch bei sehr nervösen und gestörten Kindern. Man braucht große Papiere. Die im Handel befindlichen Farben blättern bald ab. Aus Farbpulver und Tapetenkleister lassen sich die Farben selbst herstellen.
Es kann auch auf Fenster gemalt werden. Hierbei kann man die Kinder von der Gegenseite gut beobachten.

Wachskreiden in verschiedenen Formen
Leuchtende Farben mit mattseidenglänzender Oberfläche. Man kann verschiedene Schichten übereinanderlegen und wieder herausschaben (Sgraffito). Mit Terpentinöl kann die Farbe gelöst werden. Kleine Kinder ermüden leicht beim Gebrauch, da eine gewisse Kraft nötig ist.

Filzstifte
Sie geben sehr leicht Farbe ab, sind aber schlecht zu mischen. Die Farbe ist sehr leuchtend. Nach Möglichkeit verschiedene Strichbreiten verwenden. Flecken sind mit Spiritus zu entfernen.

Pucks
Große Farbsteine in Plastikbehältern, in denen das Kind sehr leicht mit dem Pinsel reiben kann. Die Behälter können gestapelt und auch aneinandergehängt werden.

Kindergartenmalkasten
Der Vorschulmalkasten beinhaltet sechs große Farbsteine: Rot, Blau, Gelb, Grün, Schwarz, Weiß. Diese Palette ist für Kinder dieses Alters völlig ausreichend. Die 12- oder gar 24-Farbenkästen sind ungeeignet. Erstens sind die Farbsteine sehr klein, und die Kinder fahren beim Mischen leicht über den Rand des einen Napfes in die nächste Farbe; zweitens wird das Kind um mögliche Mischerfahrungen betrogen.

Schultempera (und Plakatfarben)
Leuchtende Farben, die bereits eine malbereite Konsistenz aufweisen, deshalb aber auch leicht eintrocknen. Sie werden in kleine Farbnäpfe verteilt und evtl. noch zusätzlich verdünnt. Die Farbnäpfe (Yoghurtbecher) stellt man in eine Schachtel. So können sie nicht umfallen.

Flüssige Farben (Tinten und Tuschen)
Sie werden am besten für Pinselzeichnungen verwendet.

3.2.2. *Das Kind kann Farbmaterialien auf einen Bildträger auftragen*

Die Kinder probieren die einzelnen Farbmaterialien aus. Im Laufe der Zeit werden sich besondere Vorlieben für bestimmte Farbtypen herausstellen. Die Kinder stellen fest, daß jedes Farbmaterial in einer spezifischen Weise aufgetragen wird. Dabei lernt das Kind auch mit verschiedenen Pinselarten umzugehen.

3.2.3.   *Das Kind kann Farben mischen*

Früher nahm man an, daß Kinder bis zur Schulfähigkeit grundsätzlich nur reine Farben verwenden. Sehr viele Versuchen haben gezeigt,
daß sie ohne weiteres befähigt werden können, die Farben sehr differenziert zu mischen. Zusammen mit einer Sensibilisierung der Wahrnehmung ist das sogar eine zwingende Notwendigkeit.

Die Kinder bekommen einen weißen Teller und jeweils zwei Farben.
Sie streichen eine Farbe in den Teller und dann die andere dazu. So
ergibt sich die Mischfarbe: Die Kinder kochen eine neue Farbe.
Man sollte mit Mischfarben aus den Farben erster Ordnung begin-
nen, also:

Gelb + Rot = Orange
Rot + Blau = Violett
Blau + Gelb = Grün
Schwarz + Weiß = Grau

Die Kinder sollten immer wieder Mischspiele machen, bis sie auch gezielt Ergebnisse ansteuern.
Später läßt sich die Etude noch verfeinern:

Rot + Grün = Grau
Gelb + Violett = Grau
Blau + Orange = Grau
Schwarz + Rot = Braun   usw.

Oder: Man benützt klare Wassergläser und flüssige Farben. Zunächst
wird Gelb in das Glas geschüttet, dann Blau. Die Kinder können so
selbst kleine Versuche durchführen und besprechen. Mit Reagenzglä-
sern wird das Experiment sehr anschaulich.

Oder: Die Kinder kleben mit Kreppklebeband Quadrate (ca. 25/25 cm)
aus farbigen Seidenpapieren an die Fenster. Nun werden Streifen aus
anderen Farben darübergeklebt. Das Ergebnis wird besprochen. So
kann man erleben, wie sich die gleiche Grundfarbe mit verschiedenen
Farben mischt.

Oder: Diagläser (5/5 cm ohne Rähmchen) werden mit Glühlampenlack bemalt. Man kann sie auch mit transparenten Plastikfolien bekleben. Nun kann man jeweils zwei Gläser mit verschiedenen Farben kombineren und über einen Bildwerfer auf die Wand projizieren.
Die verschiedensten Kombinationen können durchgespielt werden.

3.2.4. *Das Kind kann mit Farben komponieren*

Wenn die Kinder die Farbmaterialien kennen, wenn sie sie mischen und auftragen können, ergeben sich malerische Kompositionen automatisch. Die meisten Themenstellungen kommen aus der Arbeit mit den Kindern, aus ihren Erlebnissen und Problemen. Diese sind so vielfältig, daß jede Aufzählung zu eng wäre. Es wird deshalb hier nur ein Bereich ausgeführt, dessen Themenstellung man den Kindern erst nahebringen muß, an dem sie aber mit Spaß spielen und vieles ausprobieren können.

Kampf der Farben
Jedes Kind malt mitten auf das Blatt die Farbe, die es für die stärkste Farbe hält. Häufig ist sie mit der Lieblingsfarbe identisch. Andere Farben werden nun außen herum gemalt, die mit der starken Farbe kämpfen.
Am besten verwendet man Fingerfarben, da hier das Kämpfen richtiggehend durchgeführt werden kann. Wenn die Farbe mit dem Pinsel aufgetragen wird, bestreicht man vor dem Malen die Papierbögen mit einem Brei von Tapetenkleister. So trocknet die Farbe nicht ein. Sie läßt sich sogar noch lange Zeit verschieben.

Die Geschichte vom roten Fleck
(Die Idee zu dieser Geschichte stammt von dem Kunsterzieher Rainer Landgrebe, Freising.)
Es handelt sich um eine abstrakte Bildgeschichte mit beliebig vielen Episoden, bei denen vor allem der Gefühlswert der Farbe deutlich wird. Nebenbei werden aber auch Probleme, wie Kontraste nach Hell-Dunkel, Leuchtend-Trüb, Deckend-Transparent trainiert.
Die Kinder malen dabei immer nur Farbflecken verschiedener Größe in ovaler Form, wie sie sich aus dem Pinselauftrag ergeben.
Das Ganze kann zu einem abstrakten Bilderbuch zusammengebunden werden.
Der rote Fleck lebt mitten in einer schönen Wiese. (Roter Fleck zwischen verschiedenen grünen Flecken.)

Oder: Der rote Fleck ist ins Wasser gefallen. (Roter Fleck zwischen wässrigen Blau- und Blaugrüntönen.)

Oder: Der rote Fleck schleicht durch die dunkle Nacht. (Hell-Dunkel Kontraste.)

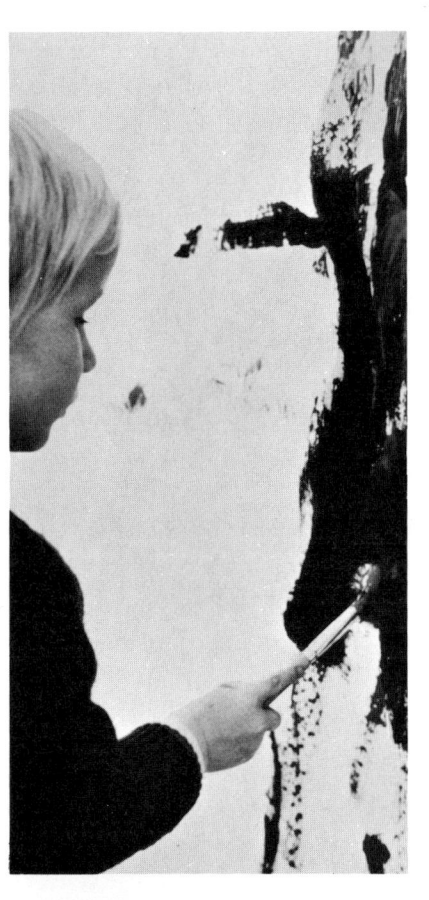
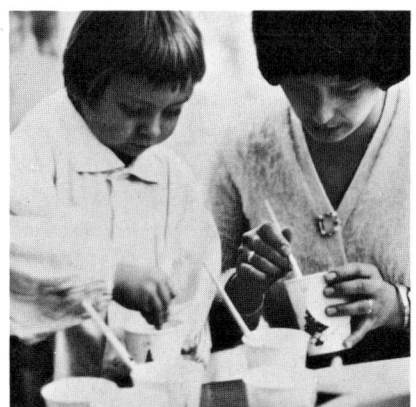

Oder: Der rote Fleck spielt mit seinem Freund, dem braunen Fleck, im Sand. (Homogene und Kontrastfarbigkeit.)

Oder: Der rote Fleck ist von bösen Farben gefangen worden. (Roter Fleck, umringt von „bösen" Farben.)

Oder: Der rote Fleck flieht vor seinen Feinden zu seinen Freunden. (Verwandte und fremde Farben.)

Oder: Der rote Fleck und seine große Familie läuft über die Wiese. (Verwandte Farben und Komplimentärkontrast.)

Oder: Der rote Fleck versteckt sich im Herbstlaub.

Oder: Der rote Fleck steht mitten im Regen.

Oder: Der rote Fleck schwimmt mit Fischen unter Wasser.

Oder: Der rote Fleck ist auf eine Luftmine getreten. (Explosion.)

Der Brief mit den lustigen Zeilen
Der Brief mit den traurigen Zeilen

Ein Blatt in Schreibmaschinenpapierformat (DIN A 4) wird in breite Zeilen aufgeteilt. Die Kinder malen Farbprogressionen im jeweiligen Farbklang.

Die Farbschlange
Die Kinder erhalten schmale Papierstreifen. Nun kann man Farbspiele veranstalten, z. B. auf dem einen Ende des Streifens wird die Farbe Rot aufgetragen, auf dem anderen Blau. Dazwischen werden die Farben in Stufen miteinander vermischt.
Die fertigen Streifen werden an den Schmalseiten aneinandergeklebt.
So erhält man eine lange Farbschlange, die aus dem Zimmer heraus den ganzen Gang entlang „läuft".

Papierbatik
Die Kinder erhalten einen Streifen festes Papier.
Darauf wird mit Deckweiß z. B. ein Muster gemalt (nicht zu dünn malen!). Diese Zeichnung wird mit flüssiger, wasserunlöslicher Farbe (Tusche) übermalt. Am besten mit der hellsten Farbe. Nun können ver-

schiedene Stellen des Musters wieder mit Deckweiß übermalt werden, darüber wiederum Farbe, als letzte Schicht schwarz. Wichtig ist, daß jede Schicht ganz trocken ist. Schließlich wird der Streifen unter die Wasserleitung gehalten. Das Wasser löst das Deckweiß auf und hebt die jeweils darüberliegenden Farbschichten ab.

Die Filzwand
Wenn es möglich ist, sollte man ein Stück der Wand mit grauem Filz tapezieren. Andernfalls kann man eine Preßspanplatte überziehen und an die Wand dübeln.
In einem Korb liegen viele geometrische Formen aus Filz bereit (Kreise, Ovale, Rechtecke, Quadrate, Dreiecke, Streifen, Punkte).
Die Kinder nehmen die Formen aus dem Korb und setzen damit ihre Kompositionen an der Wand zusammen. Filz auf Filz hält ausgezeichnet ohne jede weitere Verbindung.

Collage
Darunter versteht man eine Komposition aus fertigen Materialien, wie: Tapeten, Farbpapiere, Farbfolien, Illustriertendetails etc; Stoffen (auch Applikation genannt); räumlichen Teilen wie: Schrott, Hölzer, Styropormodellen etc. (auch Assemblage genannt).
Die Collage aus farbigen Papieren, die man aus Illustrierten reißen kann, ist für Kinder besonders gut geeignet. Die Teile werden auf das Papier gelegt, bis die ganze Komposition fertig ist. Solange können Details immer noch verändert werden. Erst dann wird geklebt.
(Die leider weitverbreitete Art, mosaikartig kleine Teilchen aneinanderzusetzen, ist abzulehnen. Sie erfordert viel Fleiß, widerspricht aber dem Formwillen der Kinder, aus Großformen zu arbeiten.)

Beispiel: Feuervogel.
Den Kindern wird die Geschichte erzählt. Dazu und zur Arbeit hören die Kinder die Schallplatte von Igor Strawinsky.
Es werden geeignete Papiere zusammengesucht (Tapeten, Einwickelpapiere, farbige Seidenpapiere, Illustrierte). Die Kinder reißen die einzelnen Teile des Vogels aus und legen sie auf einen dunklen oder schwarzen Karton. Mit Tapetenkleister wird aufgeklebt.

Malen nach Musik
Die Kinder suchen zu einem Musikstück entsprechende Farben auf ein Blatt zu malen.
Im allgemeinen verwenden die Kinder anfänglich auch für Musik-

stücke verschiedenster „Temperatur" die gleichen Farben. Das läßt sich sehr leicht ändern, wenn die Kinder entsprechend eingestimmt werden.

Man arbeitet mit dem Farbplättchenspiel. Die Kinder suchen zu einem Musikstück Farben, die dazu passen. Es entstehen Farbklänge. Danach ist es für die Kinder einfacher, auf den Charakter einer Musik einzugehen.

Der Blumenstrauß

Die Kinder pflücken unter bestimmten Gesichtspunkten Blumensträuße: sehr bunt mit möglichst vielen Farben, hauptsächlich Grün, Gelb usw., dunkle und helle Farben ... Der Strauß kann jetzt in sich noch einmal komponiert werden. Man überlegt, in welche Vase man ihn stecken kann und wo man ihn am besten aufstellt. Daraus läßt sich eine elementare Blumensteckkunst entwickeln.

Die Gemeinschaftsarbeit

Die Kinder gestalten gemeinsam eine große Arbeit. Thema z. B: Der Märchenbaum; Unter Wasser; Zoo; In der Arche Noah; Die Parkgarage; Wir Kinder im Fasching usf.

Man unterscheidet zwei Arten von Gemeinschaftsarbeiten. Im einen Fall malen die Kinder Einzelheiten auf ihr Blatt, etwa Blüten, Blätter, Vögel, Schmetterlinge und kleben sie zu einer großen Arbeit zusammen. Im anderen arbeiten sie direkt auf der großen Fläche. In beiden Fällen muß sich der Pädagoge hüten, die Aufgaben von sich aus zu verteilen.

Die Gemeinschaftsarbeit ist ein ausgezeichnetes Mittel, gruppendynamische Vorgänge einzuleiten.

Zunächst werden Ideen gesammelt. Die Kinder überlegen, wer welche Aufgabe übernehmen soll. Sie helfen sich gegenseitig. Der Pädagoge sorgt dafür, daß keine Mauerblümchen übrigbleiben.

Feinziele

3.3. Bereich Kneten

3.3.1. Das Kind kann Knetmaterialien unterscheiden

3.3.2. Das Kind kann mit Knetmaterialien umgehen

3.3.3. Das Kind kann mit Knetmaterialien gestalten

Anmerkungen zu:

3.3.1. *Das Kind kann Knetmaterialien unterscheiden*

Die Kinder sollen die für sie in Frage kommenden Knetmaterialien kennen und auch benennen können:
Plastilin; tonähnliche Knetmassen, die an der Luft aushärten; tonähnliche Knetmassen, die im Ofen gehärtet werden Ton; Papiermaché; Holzstaub zum Anrühren. Sie sollten auch ihre Vorzüge kennen:

Plastillin
Leicht knetbare Masse in verschiedenen Farben. Kann wiederverwendet werden; wird nach zu langem Kneten leicht spröd.
Tonähnliche Knetmassen, die an der Luft aushärten.
Leicht knetbar, die Festigkeit ist nach dem Austrocknen nicht allzu groß.

Tonähnliche Massen, die im Ofen ausgehärtet werden.
In vielen Farben im Handel. Sind häufig nur mit großer Kraftaufwendung zu kneten. Am besten kneten Erwachsene die Masse vor. Nach Fertigstellung der Plastik wird die Masse im Herd auf einem Backblech gebacken. Sie wird sehr hart und ist dann haltbar.

Ton
Sehr billige Knetmasse, die angemacht werden muß. Sie trocknet leicht
aus. Am besten bewahrt man sie in dicht verschlossenen Plastiktüten
auf. Die Verarbeitung setzt Geschick voraus, sobald schwierigere statische Probleme auftauchen.
Die fertigen Plastiken oder Gefäße müssen in einem Keramikofen mit
mindestens 700° gebrannt werden (Roh- oder Schrühbrand). Ein ge-
wöhnlicher Herd reicht dazu nicht aus.
Die noch feuchten Plastiken können mit Engoben (gefärbter, flüssiger
Ton) bemalt werden. Nach dem Rohbrand können sie glasiert werden.
Man kann sie auch mit einer deckenden weißen Circonglasur beschüt-
ten und von den Kindern mit Fayencefarben bemalen lassen. Anschließend ist ein sog. Glasurbrand mit ca. 980° nötig.
Das Tonmaterial bezieht man am besten über eine Töpferei, die auch
den Brand übernimmt. Sollte eine Ziegelei in der Nähe sein, so kann
man von dort gepreßte (auch trockene) Rohziegel beziehen. Mit etwa
dem gleichen Volumen Wasser werden sie aufgelöst. Der Ton hat die
richtige Konsistenz, wenn man ohne weiteres mit dem Finger hinein-
bohren kann, ohne daß Ton hängen bleibt.

Papiermaché
Papier wird in kleine Stückchen zerrissen und mit Tapetenkleister zu
einem knetbaren Brei verrührt. Noch besser eignen sich Eierkartons.
Papiermaché ist eine sehr billige, gut verwendbare Knetmasse. Bei
vielen Kindern erfordert die Herstellung viel Arbeit. Deshalb wird unter 3.3.3. eine Methode beschrieben, bei der die Kinder ihre Masse
selbst herstellen.

Holzstaub zum Anrühren
Wird mit Wasser verrührt und ergibt eine dem Papiermaché ähnliche
Masse mit etwa den gleichen Eigenschaften. Wird sehr hart.

3.3.2.   *Das Kind kann mit Knetmaterialien umgehen*

Die Kinder sollen durch Experimentieren und Erproben soviel Erfahrung im Umgang mit dem Material bekommen, daß ihren plastischen
Plänen keine technischen Schwierigkeiten im Wege stehen. Am Anfang
wird der Pädagoge manchen Kindern zur Hand gehen müssen, um
Fehlschläge und Enttäuschungen zu vermeiden.

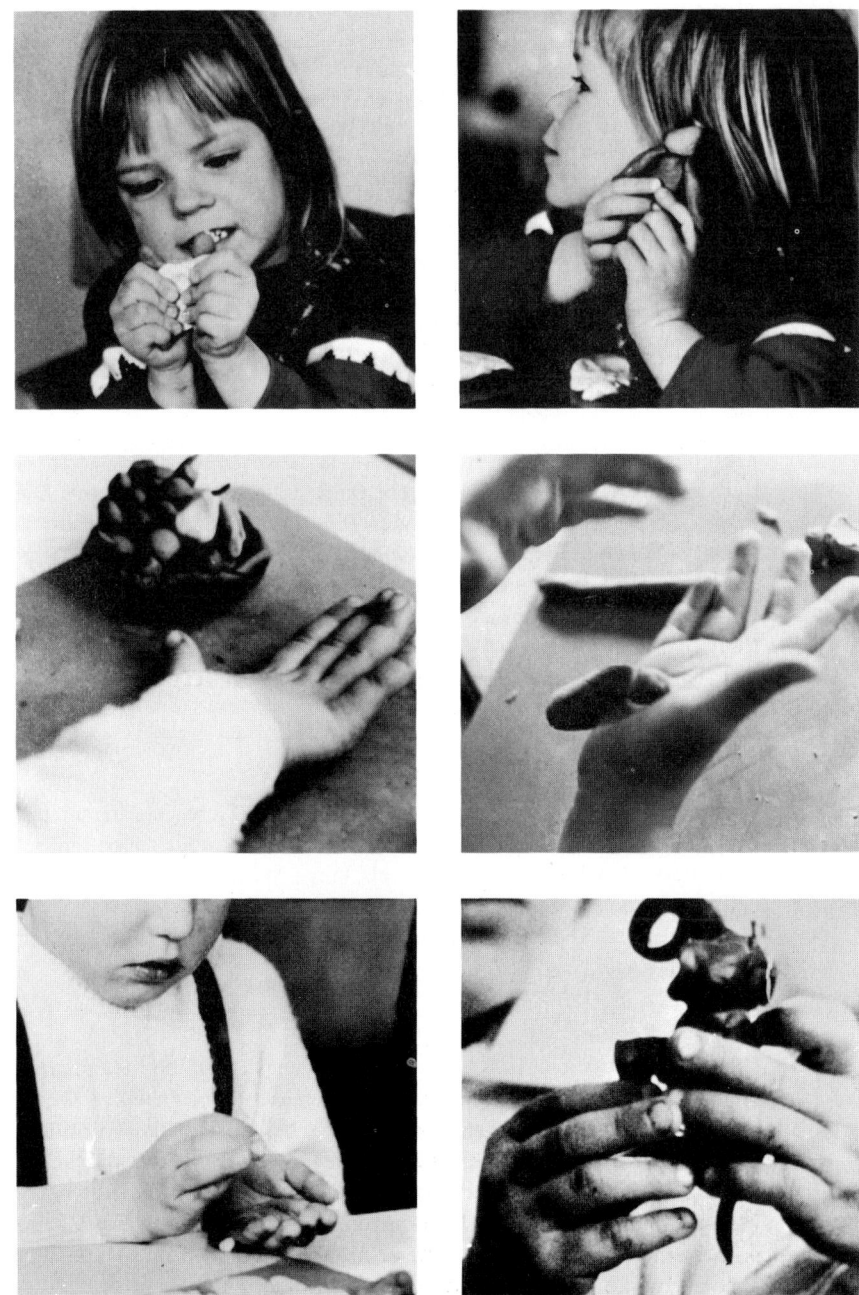

3.3.3. *Das Kind kann mit Knetmaterialien gestalten*

Die jetzt folgenden Vorschläge gelten für die Knetmassen, ausgenommen Papiermaché. Dafür werden weiter unten Anregungen gegeben.

Obstschale oder Körbchen
Die Kinder lernen, wie man durch Rollen, Stauchen, Drücken Grundformen herstellen kann. Nach ersten Versuchen kann daraus Obst geknetet werden: Äpfel, Birnen, Zwetschgen, Bananen, Zitronen, Pfirsiche, Kirschen etc.
Aus einer großen Kugel drückt man eine Schale, in die das Obst gelegt wird. Eventuell kann die Schale noch mit einem Henkel versehen werden.

Liegende Figur
Bei stehenden Figuren tauchen sehr bald statische Probleme auf. Die Figur sackt in sich zusammen oder fällt um. Deshalb ist es besser, zunächst liegende Figuren zu modellieren.
Das Kind setzt die Figuren ähnlich zusammen wie seine Zeichnung, in diesem Fall aus trigonmetrischen Teilen. Auf gute Verbindung achten.
Bei Plastillin kann die Figur mit vielen Details in verschiedenen Farben ausgeschmückt werden.

Tiere
Die statische Überlegung gilt zunächst auch für Tiere. Vierbeiner mit langen Beinen sinken oft in sich zusammen. Die Kinder rollen am besten zuerst den Bauch des Tieres als lange Walze, legen sie auf den „Rücken" und setzen die Füße an.
Gut geeignete Themen sind: Krokodil, Katze, Hund, Bär, Elefant, sitzender Vogel.

Einfache Gefäße
Die Kinder rollen eine Kugel und schlagen sie mit der Handkante vorsichtig zu einer Scheibe aus. Diese Scheibe kann zu einer Schale hochgewölbt werden, indem man sie mit beiden Händen so anfaßt, daß beide Daumen vor dem Körper liegen. Durch leichtes Drücken bei gleichzeitigem Drehen erhält man die gewünschte Form.
Zylindrisches Gefäß: Die Scheibe wird als Boden verwendet. Nun kann man kleine Würstchen ausrollen und aufeinander setzen. Man kann aber auch eine längere Walze mit der Handkante zu einem Band aus-

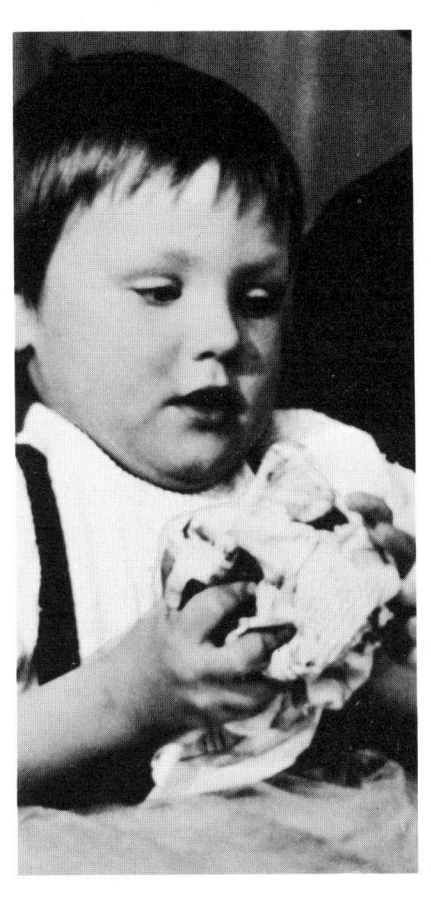

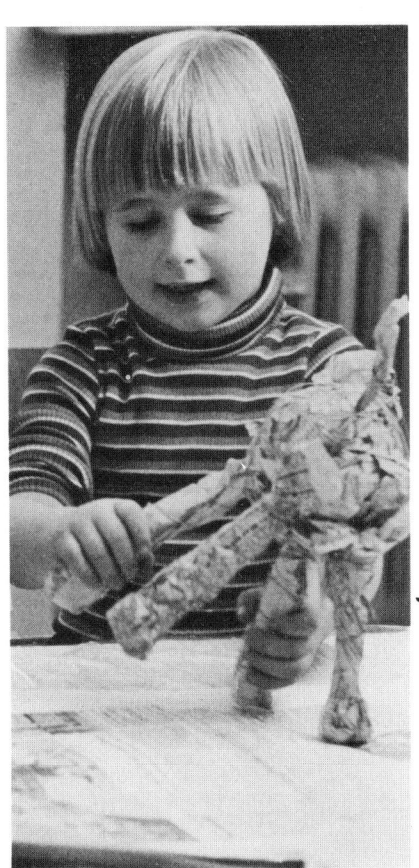

schlagen und auf den Boden aufsetzen. Boden und Wand werden fest miteinander verstrichen. Mit verschiedenen Geräten (Schrankschlüssel, aufgeschraubter Kugelschreiber usw.) kann ein Drückornament hergestellt werden.

Gemeinschaftsarbeiten
Es bietet sich an, die Themen so zu bearbeiten, daß die Ergebnisse zu Gemeinschaftsarbeiten zusammengestellt werden können. So kann eine Kindergruppe einen „zoologischen Garten" bauen oder an Weihnachten den „Zug der Heiligen Drei Könige".

Papierplastiken
Die Kinder stellen für die Papierplastiken einen Kern her, indem sie Zeitungspapier zusammenknüllen und mit Kreppklebeband fixieren. Nun wird Zeitungspapier in lange Streifen gerissen (Papierlaufrichtung beachten) und mit Tapetenkleister eingestrichen. Damit wird die Figur einbandagiert. Für Attribute (Ohren usw.) rollt man einen geleimten Streifen in sich zusammen und bandagiert ihn mit einem anderen an die Figur. Anschließend läßt sich alles sehr leicht modellieren.
Die Papierplastik wird nach dem Trocknen sehr stabil. Wenn als letzte Schicht in Streifen gerissenes Seidenpapier aufgeklebt wurde, hat man einen Malgrund, der sehr schön die Farben aus dem Vorschulmalkasten oder pastose Farben aufnimmt.

Feinziele

3.4. Bereich Bauen

3.4.1. Das Kind kennt Materialien zum Bauen

3.4.2. Das Kind kann mit diesen Materialien umgehen

3.4.3. Das Kind kann mit diesen Materialien gestalten

Anmerkungen zu:

3.4.1. *Das Kind kennt Materialien zum Bauen*

Die Spielzeugindustrie bietet heute sehr viel Material an, das zum Bauen im weitesten Sinne geeignet ist. Es reicht von einfachen Bauklötzchen und Baukästen bis zu verfügbaren Plastiksteinchen, steckbaren Holzbauteilen und kompliziertem Material zum Konstruieren und Bauen.

Selbstverständlich sind sehr viele dieser Angebote hervorragend im Sinne der ästhetischen Elementarerziehung einzusetzen. Die Zusammenhänge zwischen planender Idee und technischen Problemen bis zur fertigen Gestaltung werden dort ohne weiteres deutlich.

Hier werden diese Materialien augespart. Es wird versucht, möglichst elementar vorzugehen.

Als Material werden weitgehend Abfall- oder zumindest billige Produkte verwendet.

Dem Kind sind sie aus dem Haushalt bekannt.

3.4.2. *Das Kind kann mit diesen Materialien umgehen*

Die Verarbeitung des Materials ist dementsprechend einfach. Mit Schere, Klebstoff, oder im äußersten Fall mit Säge und Nagelbohrer, ist im allgemeinen auszukommen.

3.4.3.   *Das Kind kann mit diesen Materialien gestalten*

Burg aus Schachteln
Im Haushalt werden alle möglichen Schachteln gesammelt. Auf einem
großen Haufen werden sie den Kindern angeboten. Sie wählen nun
aus, was sie für ihren Burgbau brauchen. Auf einer Grundschachtel
werden die anderen Schachteln so arrangiert, daß sich Häuser, Tore,
Übergänge und Türme bilden.
Die Schachteln werden miteinander verklebt und anschließend mit
weißer Wandfarbe gestrichen. Nach dem Trocknen kann die Burg mit
vielen Einzelheiten bemalt werden.

Oder: Die Kinder bauen gemeinsam eine große Burganlage. Dabei ist
der gruppendynamische Prozeß zu beobachten. Die Kinder müssen ihr
Konzept vertreten und sich mit den Konzepten der anderen zurechtfin-
den. Aufgaben müssen verteilt und durchgeführt werden.

Wohnanlage aus Schachteln
In großen Schachteln werden Wohnungen mit kleineren Schachteln angelegt, gestrichen und bemalt.
Die verschiedenen „Häuser" werden im Sandkasten zu einer Wohnanlage zusammengestellt. Dabei wird überlegt, wo Parkplätze, Spielplät-
ze, Straßen etc. sein sollen.
Schließlich überlegt man, welche komunalen Einrichtungen wohin ge-
hören. Sie werden noch gebaut und aufgestellt.

Bauen mit Papierstreifen
Die Kinder bekommen lange, schmale Papierstreifen. Sie werden der
Länge nach gefaltet. Das gibt ein sehr stabiles Baumaterial. Nun be-
obachtet man einen Fernmeldemasten (möglichst in Natur) und Ab-
bildungen von Stahlbrücken. Nach diesem Vorbild können Türme und
Brücken gebaut werden.

Gebäude aus Styropor
Bei Elektrogeschäften besorgt man sich eine größere Menge Styropormodellen. Mit einem Plastikkleber können sie sehr fest miteinander
verklebt werden.
Die Kinder bauen ein Haus aus Styroporteilen mit Tür- und Fenster-
öffnungen. An diesem Gebäude kann immer wieder herumgebaut werden.
Auf Styropor läßt sich auch sehr gut malen. Man kann also als Gemeinschaftsarbeit überlegen, wie das Haus gestrichen werden soll.
Das Gebäude kann im Garten aufgestellt werden.

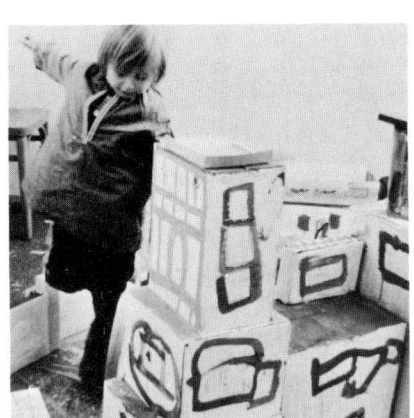

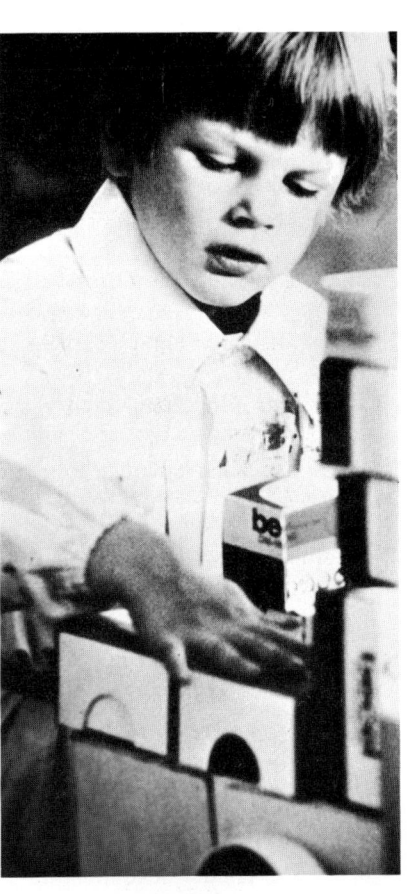

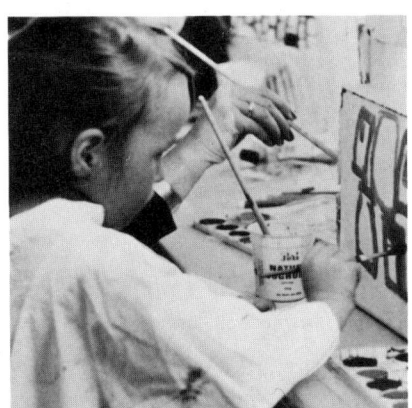

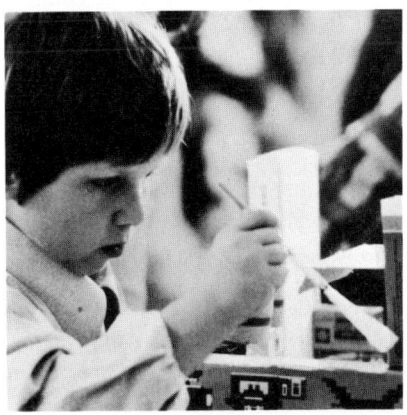

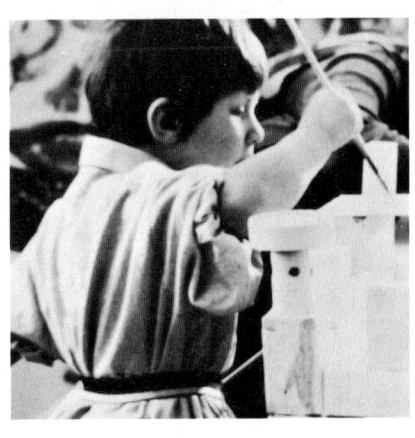

Feinziele

3.5.   **Bereich Fotografieren**

3.5.1.   Das Kind kann mit dem Sucher einer Instamatikkamera Motive erkennen

3.5.2.   Das Kind kann den Auslöser einer Instamatikkamera bedienen

3.5.3.   Das Kind kann eine Filmkassette einlegen

3.5.4.   Das Kind kann fotografieren

3.5.5.   Das Kind kann den Film transportieren

Anmerkungen zu:

3.5.1.   *Das Kind kann mit dem Sucher einer Instamatikkamera Motive erkennen*

Die Kinder bekommen Instamatikkameras. Man erklärt ihnen den Sucher als kleines Fenster, durch das sie die Umgebung sehen können. Viele Kinder können in diesem Alter das eine Auge noch nicht schließen. Wenn sie das andere dicht an den Sucher halten, tut das nichts zur Sache. Man geht auf Motivsuche. Es wird überlegt, wann etwas ganz, halb oder schief im Bild ist.

3.5.2.   *Das Kind kann den Auslöser einer Instamatikkamera bedienen*

Die Kinder bedienen den Auslöser. Bei geöffnetem Apparat sehen sie, wie sich blitzschnell der Verschluß über der Linse öffnet. Sie können dabei selbst einmal beim Auslösen durch die Linse blicken.
Es muß ein wenig geübt werden, daß beim Auslösen der Apparat ruhig bleibt.

3.5.3. *Das Kind kann eine Filmkassette einlegen*

Nun wird eine Filmkassette aus der Verpackung genommen und in die Kamera eingelegt. Jedes Kind legt seinen Film selbst ein.

3.5.4. *Das Kind kann fotografieren*

Die Kinder gehen auf Motivsuche. Dabei sollte man darauf achten, daß sie jedes Motiv bewußt wählen. Die Motivsuche durch den Sucher konzentriert die Wahrnehmung außerordentlich. Die bisherigen Erfahrungen auf diesem Gebiet zeigten, daß Kinder einen sehr guten Blick für gute Bildwahl haben.

3.5.5. *Das Kind kann den Film transportieren*

Anfänglich wird man — zumindest bei einigen Konstruktionen — den Kindern noch helfen müssen, den Film weiter zu drehen. Die Instamatikkameras sind aber so angelegt, daß die Transportwalze einrastet, sobald der Film für das nächste Bild aufnahmebereit ist.

Medien zu 3.

Papiere verschiedenster Formate und Qualität
Tonpapiere
Tansparent- und Seidenpapiere
Buntpapiere
Fingerfarben
Vorschulmalkasten
Filzstifte
Wachsmalkreiden
Wandtafelkreiden
Tempera- und Plakatfarben
Tinten und Tuschen
Grafitstifte
Haarpinsel
Borstenpinsel
Plastillin
Knetmassen
Ton
Klebstoff
Grundwerkzeuge (Schere, Hammer, Säge, Nagelbohrer)
Instamatikkameras
Filme in Kassetten

Materialsammlung:
Makulatur- und Zeitungspapier, Tapetenreste und -bücher, Einwickel-
papier, Wellpappe, Packpapier, Tüten, Staniol etc., Schachteln jeder
Größe, Eierkartons.

Grobziel

Bereitschaft zum Spielen und Experimentieren

Feinziele

4.1.   Das Kind experimentiert mit Wasser und Farbe und greift Zufälle auf

4.2.   Das Kind experimentiert mit dem Farbauftrag

4.3.   Das Kind greift Impulse auf

4.4.   Das Kind spielt mit Licht und Schatten

4.5.   Das Kind spielt mit Schattenfiguren

4.6.   Das Kind spielt mit farbigem Licht

4.7.   Das Kind spielt mit Marotten

4.8.   Das Kind spielt mit Masken

4.9.   Das Kind setzt die Verfremdung als Gestaltungsmittel ein

Anmerkungen zu:

4.1. *Das Kind experimentiert mit Wasser und Farbe und greift Zufälle auf*

Wasser und Farbe
Festes Zeichenpapier wird mit dem Kreppklebeband auf der Tischplatte befestigt und mit einem Schwamm naß bzw. feucht gemacht. Die Kinder geben mit dem Pinsel Farbe auf die feuchte Oberfläche und beobachten, wie sich die Farbe verhält, wenn sie mit dem Wasser in Berührung kommt. Es kann immer wieder Farbe nachgetropft werden. Der Versuch ist auch interessant, wenn das Papier nur partiell angefeuchtet wird. Die blütenartigen Gebilde kann man hinterher ausschneiden und aufkleben.

Türkische Papiere
Eine Plastikwanne wird mit Wasser gefüllt. Die Kinder träufeln Lacke oder verdünnte Ölfarben (mit Terpentin) auf die Wasseroberfläche. Mit Hölzchen kann man noch Schlieren in den Farbteppich ziehen. Dann werden sorgsam Papiere auf die Farben gelegt. Nach kurzer Zeit kann man sie abheben. Das Ergebnis sind sehr schöne Farbmuster. Der Farbteppich ist ein reiches Experimentierfeld. Etwas Pril in kleinen Tröpfchen löst z. B. Farbspannungen auf, etc.

Kleisterpapiere
Bögen festen Zeichenpapiers werden aufgespannt und mit einer Schicht Tapetenkleister bedeckt. Auf den Kleister werden die Farben mit dem Pinsel aufgetragen (Tempera, Schulmalkasten). Mit selbstgeschnittenen Pappkämmen, Hölzchen, den Fingern usw. kann die Farbe beliebig verschoben und geordnet werden.

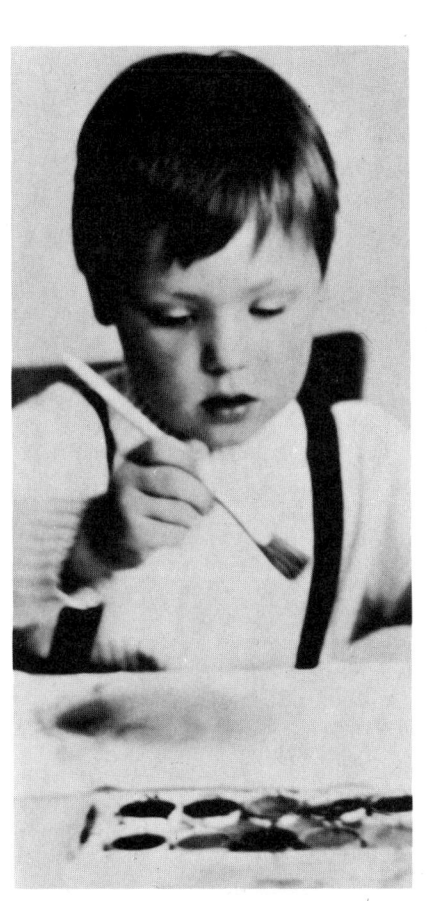

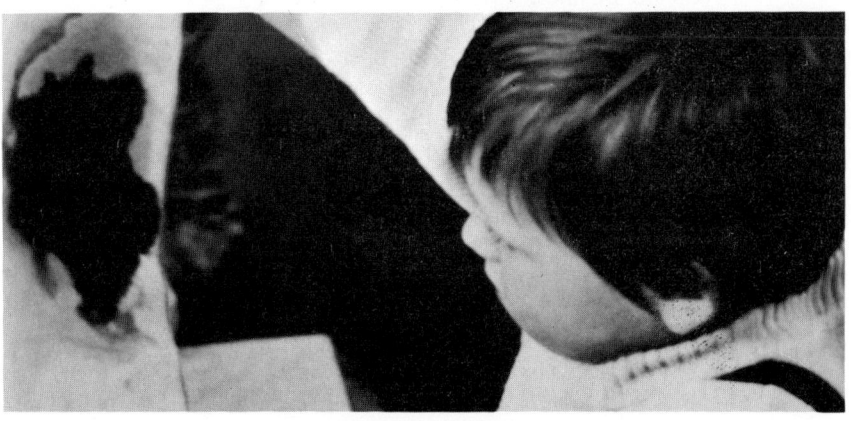

4.2.   *Das Kind experimentiert mit dem Farbauftrag*

Die Kinder untersuchen, wie man — außer durch Malen mit dem Pinsel — die Farbe auf das Papier auftragen kann:
Tropfen, spritzen, laufenlassen, quetschen, zerblasen, versprühen, mit der Bürste über ein Sieb aufspritzen. Die Ergebnisse können zu Bildern weiterverarbeitet werden. Dabei wird entweder weitergemalt oder die Papiere werden gerissen und geschnitten und zu Kompositionen collagiert.

Klecksbilder
Mit dem Pinsel oder einer einfachen Spachtel trägt man dick Farbe auf Papier auf. Dann faltet man das Blatt und erhält so einen Umdruck. Bestechend ist dabei die Symmetrie. Auch diese Papiere können weiterverarbeitet werden.

Frottagen
Unter das Papier werden stark strukturierte Oberflächen gelegt (ausgelaugte alte Bretter, Rupfen, Spitzen, Stohre usw.). Mit Kreiden (am besten quergelegt) werden diese Oberflächen durchgerieben (frottiert). Die strukturierten Blätter werden zu Bildern collagiert.

Blasbilder
Mit einem Pinsel wird auf ein Blatt ein dicker Klecks Tusche gemacht. Mit einem Strohhalm wird er ausgeblasen. Hält man den Strohhalm sehr flach, bilden sich lange Tuschestraßen, hält man ihn steil, gibt es starke Verästelungen. Aus den Gebilden lassen sich ganz urige Insekten und alte Bäume entwickeln.

Monotypie
Auf eine Glas- oder Resopalplatte wird pastose Farbe aufgewalzt. Darauf legen die Kinder Papiere, die sie bezeichnen. Die Farbe drückt sich von unten her gegen die Rückseite des Blattes. Durch Fingerdruck können auch Farbflächen eingefügt werden. Falls die Farbe zu schnell eingetrocknet, löst sie ein leicht angefeuchtetes Papier wieder an.

Stempeldruck
Aus Kartoffeln schneiden die Kinder Druckstempel in geometrischen Formen. Mit dem Pinsel wird Farbe aufgetragen. Aus den Druckformen werden die Kompositionen zusammengesetzt. Es läßt sich auch mit Stoffdruckfarben auf Stoff waschmaschinenfest drucken.

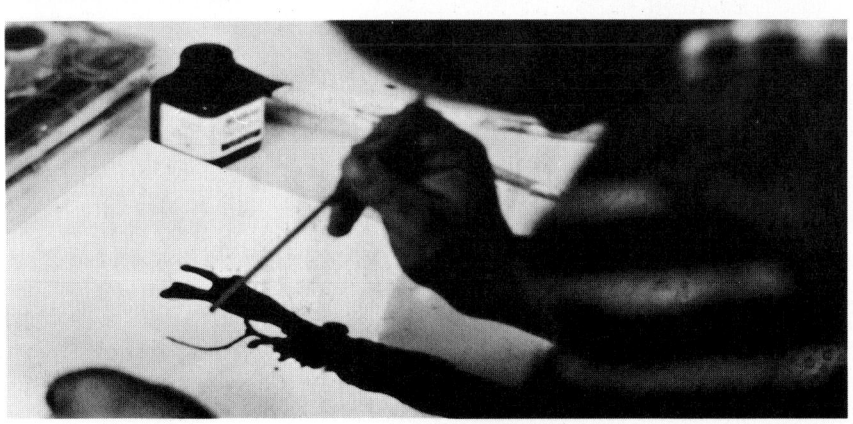

4.3.   *Das Kind greift Impulse auf*

Impulspapiere
Sie sprechen den Assoziationshintergrund der Kinder an.
Die Reizformen provozieren neue Formen.
Auf einem Blatt sind mehrere Farbtupfen. Die Kinder betrachten sie,
bis sie sich vorstellen können, wovon die Tupfen Teile sein könnten,
dann malen sie das Bild zu Ende.

Malen auf Tapeten
Die Kinder erhalten stark gemusterte Blätter aus einem Tapetenmusterbuch. Die Anregungen sollen aufgegriffen werden. Der Rest wird
zugemalt bzw. weiterentwickelt.

Reizformen
Auf den Blättern sind einzelne Formen, von den Kindern ergänzt
werden sollen.
Beispiele:
Auf einem Blatt ist am unteren Blattrand ein Kreis.
Es kann sein: ein Fußball, das Rad eines Autos oder eines Zuges. Der
Kopf eines Tieres oder eines liegenden Menschen, Teil einer Maschine
usw.
Wellen auf einem Blatt
Umriß eines Kopfes mit Hals und Schultern
Einige Wolken
Verschiedene Kopfbedeckungen
Kasperltheater
Ein Auge
usw.

Diese Impulspapiere sind häufig sehr anregend, wenn Kinder gar nicht
wissen, was sie zeichnen sollen. Sie lösen Blockaden und aktivieren die
bisherige Lerngeschichte des Kindes.

Oder: Die Kinder bekommen räumlich festgelegte Bilder: Ein Blatt
mit Standlinienangabe (grüner Strich am unteren Blattrand, blauer
Strich am oberen Blattrand).
Ein Blatt mit einem Berg
Ein Blatt mit einem See
Die Kinder sollen die Szenerie füllen.

Oder: Auf ein Blatt ist eine Fotografie aufgeklebt. Die Kinder ergänzen das Bild. Es kann ein Kopf sein, ein Tier oder ein Fahrzeug, bei dem die Fenster ausgeschnitten sind.

4.4. Das Kind spielt mit Licht und Schatten

An der Wand werden große Makulaturbögen aufgespannt, auf die man zeichnen kann. Bei allen Aktionen mit Licht und Schatten bewegen sich die Kinder mit dem Rücken zur Lichtquelle. Das schont ihre Augen und gibt ihnen die Möglichkeit, an der Wand zu verfolgen, was geschieht.
Eine Lichtquelle wird so aufgestellt, daß sie die weiße Wand ausreichend bestrahlt.
Der Pädagoge und das Kind stehen nebeneinander vor der Wand. Mit einem Strich wird die Größe beider gekennzeichnet. Nun bewegt sich das Kind rückwärts langsam auf die Lichtquelle zu. Der immer größer werdende Schatten wird beobachtet und gekennzeichnet.
Ebenso kann beobachtet werden, wie groß Hände in verschiedenen Abständen zum Licht sind.

Oder: Ein Kind steht ruhig vor der Wand. Nun wird die Lichtquelle bewegt. Es ist zu beobachten, wie der Schatten sehr hoch, sehr niedrig, schräg usw. wird.

Oder: Es werden zwei Lichtquellen eingesetzt. Nach der Beobachtung der beiden Schatten können die Lichter bewegt werden. Man erhält dann einen großen, einen kleinen Schatten usf.

Oder: Ein Kind steht mit ausgebreiteten Armen vor der Wand. Die anderen Kinder zeichnen die Kontur des Schattenrisses nach. Dann tritt das erste Kind einen Schritt zurück. Nun wird die größere Kontur nachgezeichnet usf. Die Mittelfläche und die Räder können verschiedenfarbig angemalt werden.

Oder: Es werden auf die Wand Papierbögen gespannt. Die Kinder stellen sich so auf, daß ihr Profil Schatten wirft. Das Profil wird nachgezeichnet und ausgeschnitten.

4.5.   *Das Kind spielt mit Schattenfiguren*

Ein Leintuch wird so aufgespannt, daß sie als Schattenspielwand benützt werden kann. Dazu kann man zwei große Tische auf ihrer
Schmalseite hochstellen, oder man klemmt das Tuch mit Leisten in
den Türstock, wobei man unten eine Durchschlüpfmöglichkeit läßt.
Falls Hochsprungständer zur Verfügung stehen, werden mit Schraub-
zwingen Latten befestigt, an die man das Leintuch spannt.
Kinder bewegen sich vor der Schattenwand. Bestimmte Bewegungsar-
ten werden versucht: Alter Mann, Frau schiebt Kinderwagen, jemand
trägt schwer, einzelne Berufe mit typischen Bewegungen.

Oder: Die Möglichkeiten des Schattens werden ausgenützt: Rauferei
zweier Kinder (sie schlagen hintereinander, ohne sich zu treffen — im
Schatten schlagen sie sich gegenseitig). Hier können alle die alten Dr.
Eisenbart-Geschichten gespielt werden.

Oder: Die Kinder spielen Tiere mit typischen Bewegungen. Die anderen Kinder raten.

Oder: Handtheater
Durch entsprechende Handstellungen werden Figuren erzeugt (Hund,
Hase etc.).
Die Kinder versuchen, die Stellungen nachzuahmen.

Oder: Die Kinder malen mit Tusche und Pinsel Figuren auf Akten-
umschlagkarton. Diese werden ausgeschnitten und an Dübelholz
(3 mm) festgeklebt.
Damit kann in Kombination mit Sprache oder Musik Schattentheater
gespielt werden (Da schickt der Herr den Jockel aus . . .)

Oder: Die Kinder suchen Gegenstände, die einen interessanten Schatten werfen, und spielen damit Theater.

4.6.   *Das Kind spielt mit farbigem Licht*

Die Kinder erhalten Glasprismen. Man beobachtet, wie sich das Son-
nenlicht in Regenbogenfarben auflöst.
Die Sonnenstrahlen werden mit den Prismen auf die weiße Wand projiziert. Die Kinder verfolgen sich an der Wand, bilden mit den farbigen Flecken einen Kreis, eine Linie usw.

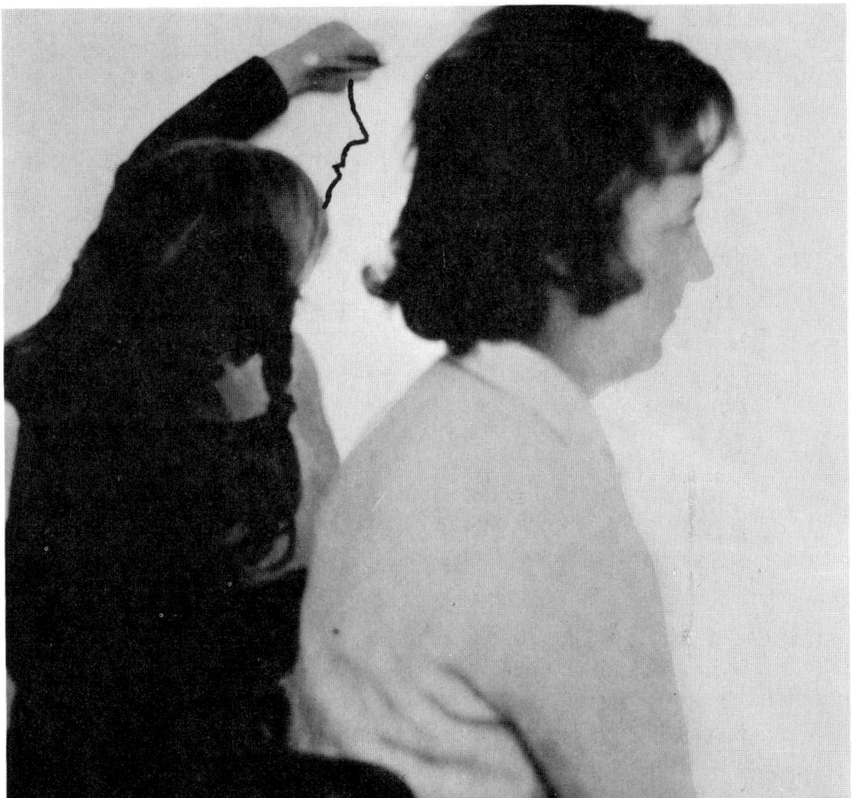

Oder: Man gibt den Kindern verschiedene Kaleidoskope (bzw. Okto-skope). Durch Drehen verändern sie die Bilder.

Oder: Spiel mit dem Diaprojektor
Nach Möglichkeit benützt man einen Projektor mit Handbetrieb und Transportschlitten für die Dias. Diesen Schlitten kann man heraus-nehmen. Dadurch entsteht zwischen der ersten und der zweiten Linse ein breiter Raum. Man holt nun vom Glaser Abfallglasstreifen (min-destens 5 cm breit).
Diese Glasstreifen werden zunächst mit verschiedenen Materialien be-klebt (Federn, Watte, Wollfäden, Gazestoff, Haare, kleine Blätter, Grasrispen usw.).
Diese Glasstreifen stellt man in den Projektor und projiziert die Ge-genstände.

Oder: Die Glasstreifen werden mit Glühlampenlack bemalt.
Dieser Lack ist transparent und von großer Leuchtkraft. Die Farbe kann mit den oben aufgezählten Gegenständen oder mit Alleskleber kombiniert werden. Die Farbe wird getropft, gemalt, geschabt, geritzt usw.

Oder:
Sehr schön wirken auch Abfallstreifen von Profil- oder Kathedralglä-sern. Man kann sie auch mit den Farbglasstreifen kombinieren. Bei verschiedener Linsenentfernung kann die Farbe durch das Glasmuster hindurchgezogen werden.

Oder: Projektionsaquarium
Man baut sich aus zwei etwa postkartengroßen Glasplatten, zwischen die man einen Plastikschlauch klebt, ein Projektionsaquarium. Die Kanten kann man durch Kreppklebeband noch sichern.
Dieses Projektionsaquarium stellt man in den Projektor. Damit kön-nen verschiedene Flüssigkeiten projiziert werden (Mineralwasser, Sei-fenschaum, Farbemulsionen: Wasserglas und Tuschetropfen usw.).

4.7.   *Das Kind spielt mit Marotten*

Die Puppe ist für das Spiel ein Medium, in das die Kinder als Spieler sich selbst, ihre Konflikte und Stimmungen hineinprojizieren können und aus dem es die Zuschauer wieder herauslösen.
Marotten sind einfache Puppen auf einem Stab. Sie werden rhythmisch bewegt.

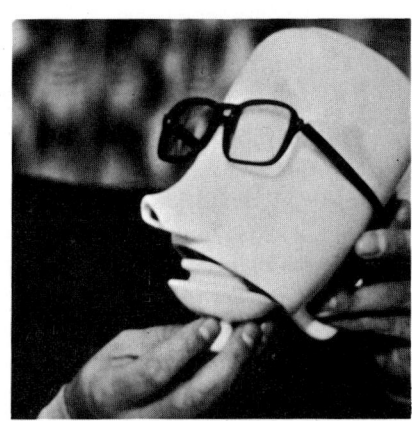

Die einfachste Puppe ist die Knotenpuppe. Ein Tuch wird an einer Ecke geknotet und auf den Zeigefinger gesteckt. Mittelfinger und Daumen sind die Arme. Nach diesem Grundschema können Streichholzschachteln, Kugeln u. ä. den Kopf einer Puppe abgeben.

Obst- und Gemüsetheater
Beispiel: Eine alte Kartoffel wird auf eine Gabel gesteckt. Die Kartoffel wird nun mit Knöpfen für die Augen besteckt etc. Aus Stoffresten steckt man die Kopfbedeckung und das Kleid zusammen. Die Figur ist spielbereit.
So kann aus: Äpfeln, Birnen, Gurken, Wirsing etc. ein ganzes Theater in kurzer Zeit erstellt werden.
Zum Spielen wird eine Latte in den Türstock geklemmt und eine Decke darübergehängt.

Kombination Marotte und Hand
Die Kinder modellieren aus Papier (mit Kleister bestrichene Streifen, siehe S. 66), um einen Stab einen Puppenkopf. Dazu wird ein Kleid aus einem rechteckigen Stoff im Format 40/80 cm geschneidert. Es wird auf der einen Seite ganz zugenäht, auf der anderen nur soweit, daß die Hand herausschlüpfen kann. Ein fester Stich teilt den Handschlitz so, daß auf der einen Seite der Daumen, daneben die Finger Platz haben.
Diese Puppe hat den Vorteil, daß man mit seiner Hand völlig frei agieren und gestikulieren kann.

4.8. *Das Kind spielt mit Masken*

Die Kinder bekommen große Tüten. Sie schneiden Öffnungen für Mund und Augen hinein. Die Tüten werden bemalt und beklebt. Kreppapierstreifen ergeben die Haare.

Oder: Um die Tüten herum werden Attribute für Tiere geklebt. Tierpantomimen und Tänze.

Oder: Große Papierzylinder werden zu bunten Medizinmannmasken umgebaut. Damit wird gespielt. Die Kleider können aus bemalten Papiermüllsäcken „geschneidert" werden.
Schleichen, hüpfen, tanzen, erschrecken, ermüden usw.

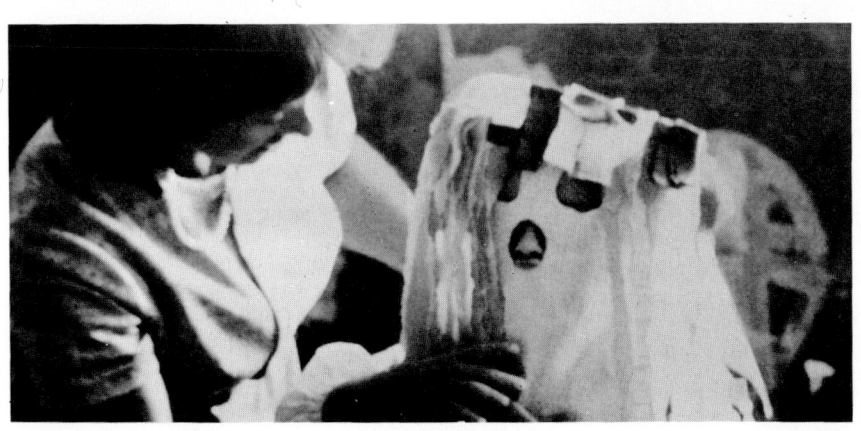

4.9.   *Das Kind setzt die Verfremdung als Gestaltungsmittel ein*

Verfremdung oder V-Effekt bedeutet in diesem Zusammenhang, daß
Dinge mit gewohnter Zweckhaftigkeit umfunktioniert werden.
Robotor aus der Küche.
Aus einer Waschmitteltrommel, alten Gabeln, Topfreibern, Sieben,
Deckeln usw. wird eine Plastik collagiert.

Oder: Der Farbtag
Ein Tag wird einer bestimmten Farbe gewidmet.
Alle Kinder tragen Kleider in dieser Farbe, der Blumenschmuck, die
Tischdecke, das Essen trägt diese Farbe. Es werden Geschichten über
diese Farbe erfunden.

Oder: Wir benützen Licht in verschiedenen Farben. Mit Glühlampenlack werden Glühbirnen bemalt. Die Kinder beobachten, wie alle Dinge bei verschiedener Beleuchtung anders wirken.

Medien zu 4.

Papiere
Kreppklebeband
Temperafarben
Kindergartenmalkasten
Schere
Klebstoff
Plastikwanne
Lacke oder Ölfarben (mit Terpentin)
Tapetenkleister
Pinsel
Strukturierte Unterlagen für Frottage
Tuschen
Trinkhalme
Glasplatten (Resopal)
Kartoffel
Messer
Tapetenmusterbücher
Lichtquelle (Projektor, Scheinwerfer)
Leinwand für Schattenspiel
Dübelholz
Prismen
Kaleidoskope
Oktoskope
Glasstreifen
Gegenstände zum Bekleben
Profilgläser
Glasplatten und Plastikschlauch
Tuch für Knotenpuppe
Obst und Gemüse
Gabeln
Stoff für Puppengewand
Zeitungspapier

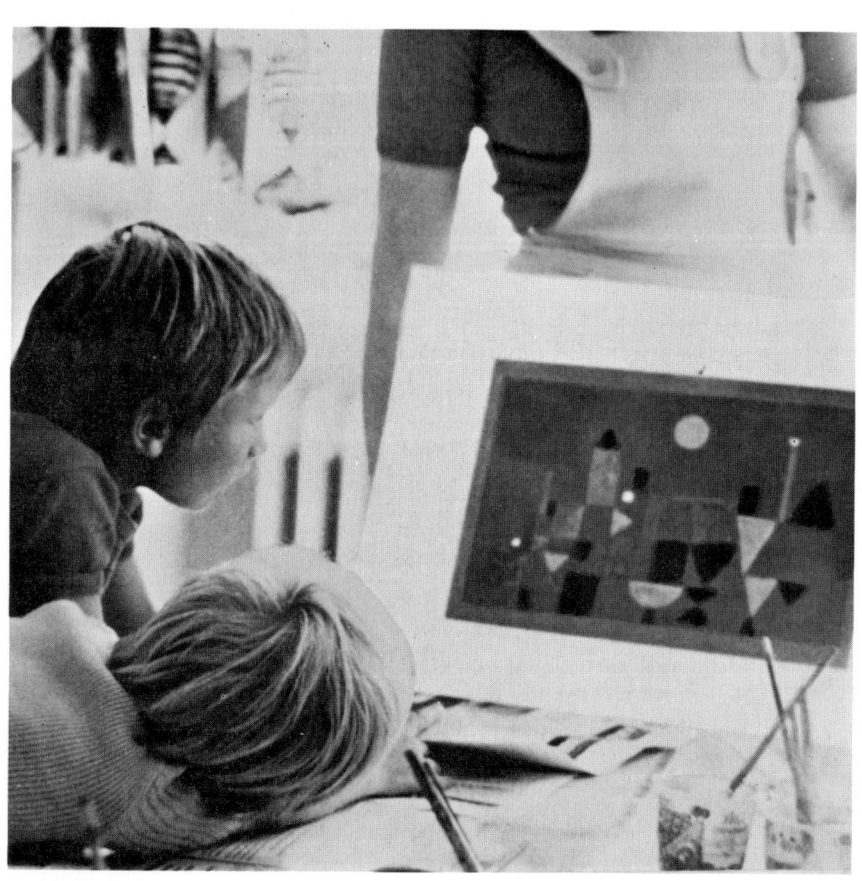

Grobziel

Verstehen von Bildsprachen und Lesen von Zeichen

Feinziele

5.1.   Das Kind kann Bilder betrachten und sich darüber unterhalten
(Plastik, Architektur)

5.2.   Das Kind verfügt über einen geeigneten Wortschatz

5.3.   Das Kind kann aufgrund eines Bilddiktates gestalten

5.4.   Das Kind ist bereit zu kreativer Kunst- und Werkbetrachtung

5.5.   Das Kind legt sich eine Sammlung an

5.6.   Das Kind kennt Kunstwerke seiner Umgebung

5.7.   Das Kind ist gewöhnt, Kunstwerke auch in Museen zu betrachten

5.8.   Das Kind kann Zeichen lesen

Anmerkungen zu:

5.1.   *Das Kind kann Bilder betrachten und sich darüber unterhalten*
       (Plastik, Architektur)

Manche Pädagogen neigen zu der Auffassung, man müsse, um Kunstwerken zu begegnen, eine gewisse Reife aufweisen. Sie lehnen es deshalb ab, dieses Thema bereits in der Grundschule und erst recht vorher zu behandeln.
Dafür spricht kein einziges Argument. Es geht hier darum, zu lernen,
Bildsprachen zu lesen, Inhalte zu benennen, sich über Zusammenhänge klar zu werden. Wenn der künstlerische Bereich nicht so eine weltferne Luxuszone bleiben soll, den man nur mit gebührender Andacht
betreten darf, wird man ihn in den Bildungsbereich der Frühpädagogik
aufnehmen müssen. Nur so wird er selbstverständlicher Bestand des
Lebens.
Wenn die Kinder Bilder, Fotos, Werbedesign, Plastiken, Wohnräume,
Geschirr und Gerät, Architektur und Landschaft betrachten, wird der
Pädagoge die Frage als Impuls einsetzen. Mit ihr sollen Beobachtungen
angeregt und Denkvorgänge ausgelöst werden.
Es sollte die Regel sein, daß jede Woche wenigstens ein Bild oder ein
Objekt genau betrachtet und besprochen wird.
Es sind buchstäblich alle Themenbereiche geeignet, wenn die Kinder
entsprechend eingestimmt sind und durch Fragen geführt werden.
Leider gibt es nur wenige Kindergärten, in denen Räume verdunkelt
werden können. Bei der Anschaffung von Dia-Projektoren sollte man
darauf achten, daß sie lichtstark genug sind. Man kann dann auch bei
Tageslicht arbeiten. Im Laufe der Zeit braucht jeder Kindergarten entsprechende Sammlungen an Dias und kleinen Filmstreifen.

5.2.   *Das Kind verfügt über einen geeigneten Wortschatz*

Es ist für Erwachsene häufig sehr schwer, anschaulich zu sprechen, einfach das zu beschreiben, was man vor Augen hat. Es fehlt die präzise
Beobachtung ebenso wie der angemessene Wortschatz. Wenn im früh
pädagogischen Bereich parallel zur Wahrnehmungssensibilisierung ei
ne entsprechende Differenzierung des Wortschatzes betrieben wird, be
reitet die Anwendung an Kunstwerken oder gestalteten Objekten kei

ne besondere Mühe, sie ist im Gegenteil eine logische Fortführung eines Erziehungskonzeptes. Die Kinder werden also daran gewöhnt, zu sagen, was sie beobachten. Dabei gibt es sehr viele Gesichtspunkte für Gespräche. Inhalt: Was und wer ist dargestellt? Was geht vor? Wer spricht mit wem, wer blickt zu wem? Welcher Gesichtsausdruck fällt auf? Was könnte man daraus schließen? usw. Komposition: Wer ist wo? Was ist vorne, hinten, daneben? Was sticht zuerst ins Auge? usf. Farbgestaltung: Welche Farben sind verwendet? Für was und wo? Wie ist es technisch gemacht? etc. Dazu kommen Grundfragen: Wie wirkt das Ganze auf uns? Warum hat der Künstler das so gemacht? usw. Beim Lesen von Bildsprachen kann das Kind alle Erfahrungen sonstiger frühpädagogischer Bemühungen einbringen.

5.3. *Das Kind kann aufgrund eines Bilddiktates gestalten*

Die Kinder erhalten Papier und Filzstifte. Der Pädagoge versucht, so genau wie möglich ein Bild, das zunächst nur ihm bekannt ist, in einzelne Arbeitsaufträge zu zerlegen. Er erzählt vom Inhalt der Darstellung. Dann wird er genauer: In der Mitte befindet sich ... Das sieht so aus ... Alle Details werden beschrieben, bis die Kinder den Bildinhalt gezeichnet haben. Voraussetzung ist die Kenntnis eines Wortschatzes zur präzisen Ortsbeschreibung: links, rechts, oben, unten, daneben, davor, dahinter (obwohl die Kinder dann diese Angaben in ihr Bildordnungssystem richtig übertragen — Standlinien- oder Flächenbild).

5.4. *Das Kind ist bereit zu kreativer Kunst- und Werkbetrachtung*

Gestalterische Vorarbeit
Die eigene gestalterische Arbeit der Kinder ist meist die beste Vorbereitung für Kunst- und Werkbetrachtung. Die Thematik, die Technik oder andere Zusammenhänge sind ihnen geläufig.

Beispiele:
Die Kinder stellten nach Musik Farbklänge zusammen.
Sie beschäftigten sich mit den Gefühlswerten der Farben. Hier kann sich die Betrachtung von gegenstandslosen Bildern der frühen abstrak-

ten Phase oder des Tachismus anschließen. Die Kinder untersuchen die Temperatur der Bilder. Dazu kann wieder Musik eingesetzt werden. Die Betrachtung kann weitergeführt werden bis zur Frage nach den Assoziationen (Was fällt einem ein, wenn man das Bild sieht?) oder dem Ausgangspunkt des Künstlers.

Oder: Die Kinder malen Winterbilder mit Wachskreiden auf farbigem Grund. Man hat sich ausführlich über Wintersportmöglichkeiten unterhalten: Eislauf, Schifahren, Schlitten, Rutschen usw. Den Kindern ist die Veränderung der Landschaft durch den Winter klar, die spezifischen Farben etc. Nachdem ihre Bilder fertiggestellt und aufgehängt sind, schließt sich eine Bildbetrachtung des „Winterbildes" von Pieter Breughel an.

Oder: Die Kinder malen ihre Lieblingsspeisen. Man schneidet „Teller" aus und malt die Speisen darauf. Man überlegt, wie eine Landschaft aussähe, in der die Lieblingsspeisen (wo?) wachsen.
Das ist eine Hinführung auf das Bild „Schlaraffenland" von Breughel.
Kunstwerke als Anregung
Die Kinder entnehmen Kunstwerken Anregungen für eigene Gestaltung.

Beispiel: „Dreikönigsaltar" von Rogier van der Weyden. Man bespricht ausführlich den Inhalt der Mitteltafel. Dann zeichnen sich die Kinder auf kleine Blätter die Dinge, die ihnen am wichtigsten erscheinen. Das ergibt ein kleines Bildlexikon.
Damit kann dann weitergestaltet werden. Es kann Ausgangspunkt für Plastiken sein (Zug der Heiligen Drei Könige) oder für Bildkompositionen, wobei die Kinder ihre Arbeit so planen, daß sie alles unterbringen.

Oder: Nach einer ausführlichen Betrachtung eines Bildes und seiner Zusammenhänge zeichnen die Kinder aus dem Gedächtnis (siehe auch unter 6.) den Bildinhalt.

Beispiel:
Als Bildbeispiel wird „Der arme Poet" von Carl Spitzweg gewählt. Man bespricht das Schicksal dieses Poeten und sein Zimmer. Dabei werden alle Einzelheiten erwähnt: Das Bett, die herumliegenden Bücher, der Regenschirm, der Kachelofen, der Stiefel und der Knecht, die Kerze in der Flasche usw.

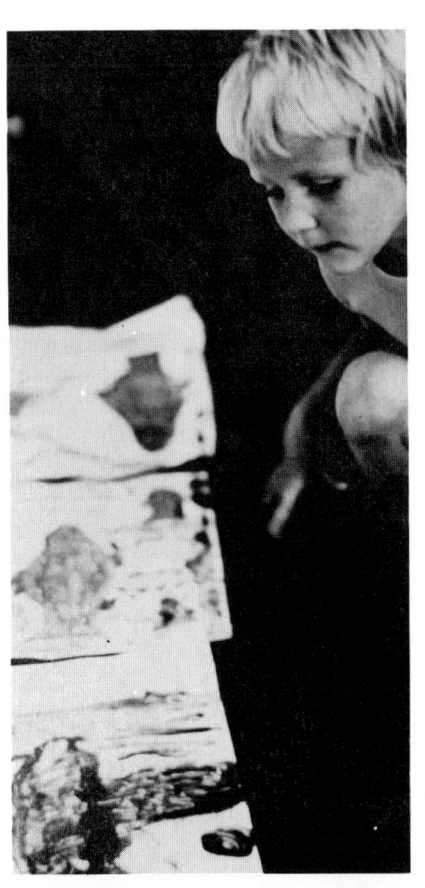

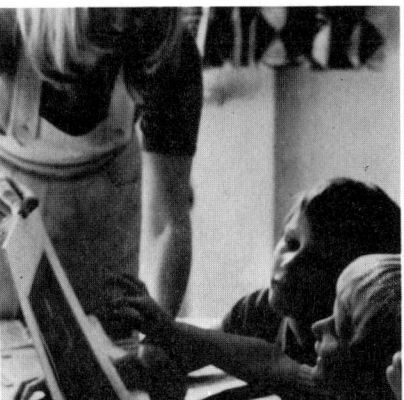

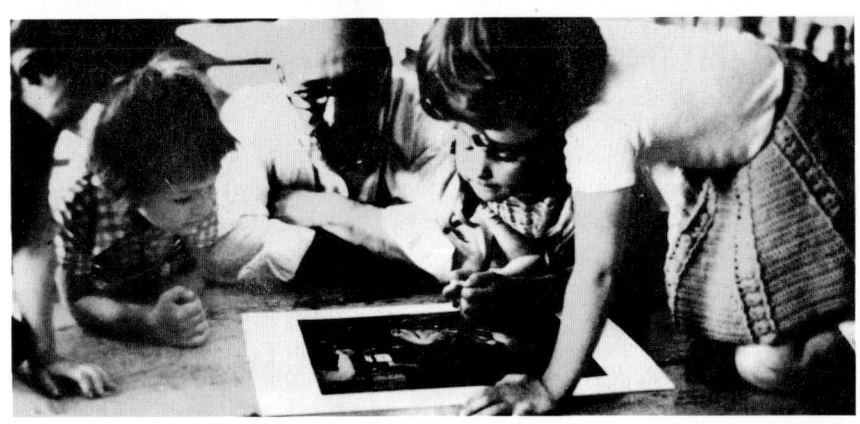

Später (evtl. am nächsten Tag) zeichnen die Kinder das Bild. Man erhält eine vollgültige Übersetzung in die Bildsprache der Kinder auf der Höhe ihrer Entwicklung. Zudem ist es ein Dokument für ihr Verständnis.

Oder: Bildbetrachtung von „Die rote Brücke" von Paul Klee. Das verhältnismäßig abstrahierte Bild wird entschlüsselt. Man entdeckt die Stadt mit Umgebung.
Daran schließt sich die Überlegung, wie so etwas hergestellt werden könnte.
Eine geeignete Technik ist der Kartoffeldruck. Die Kinder schneiden Stempelformen und drucken ihre Städte — auch als Gemeinschaftsarbeit.
In diesem Fall ist das Bild inhaltliche und technische Anregung.

Oder: Bildbetrachtung von „Der Goldfisch" von Paul Klee. Nach der Betrachtung folgt wieder die technische Überlegung. Mit Kleisterpapier kann man so arbeiten, da man die Farbe gut verschieben kann. Es wäre aber auch Sgraffito mit Wachskreiden möglich.

5.5.   *Das Kind legt sich eine Sammlung an*

In jedes Kinderzimmer gehört eine Steckwand. Sie kann aus einer Dämmplatte bestehen, die mit Leisten auf die Wand gedübelt wird oder einfach aus einer Styroporplatte, die man aufklebt (mit Plastikkleber!). Besonders geeignet sind Wände, die man mit einer Thermopete tapeziert.
Auf dieser Pinnwand können die Kinder alle Bilder, Fotos und Zeitschriftenausschnitte anstecken, die sie interessieren. Im Kindergarten ist sie die Ausstellungswand für die neuesten Malereien, aber auch für Bilder, die sich die Kinder ansehen sollen.

„Kunstheft"
Jedes Kind bekommt ein unliniertes Heft (DIN A 4). In das Heft werden Postkarten, Zeitungsausschnitte geklebt. Man kann aber auch Zeichnungen nach Bildern und Bildnotizen unterbringen.

5.6.   *Das Kind kennt Kunstwerke seiner Umgebung*

Durch regelmäßige Exkursionen lernen die Kinder Kunstwerke des Ortes kennen. Für den einzelnen Ausflug sollte man sich nicht zuviel vornehmen.

Wenn man sich als Erwachsener zurückerinnert, sind es häufig die ersten bewußten Eindrücke, die bleiben — dann, wenn einem als Kind für eine Sache die Augen geöffnet wurden.

Fotosammlung
Der Pädagoge sollte sich eine große Sammlung von Fotografien des Ortes anlegen: Gebäude, Kirchen, Straßenzüge, aber auch Details, wie Figuren, Tore, Brunnen usw. Jede Woche wird als Rätselbild eine Fotografie ausgestellt.

5.7. *Das Kind ist gewöhnt, Kunstwerke auch in Museen zu betrachten*

In manchen Städten sind an die Museen museumspädagogische Einrichtungen angeschlossen (Berlin, Köln, Nürnberg, München u. a.). Dort erhalten die Kinder thematisch und begrifflich auf ihr Alter abgestimmte Führungen. Anschließend können sie in Spezialräumen Filme sehen und ihre Eindrücke in Gestaltungsaufgaben umsetzen.
Man kann nur hoffen, daß möglichst bald an alle Museen derartige Zentren angeschlossen werden.
Aber auch ohne sie sollte man den regelmäßigen Museumsbesuch mit einplanen. Den Zentren hat der Pädagoge die genaue Kenntnis des Erlebnishintergrunds, der Auffassungsmöglichkeit und vor allem auch der Aktualität voraus. Das Museum wirkt auf Kinder leicht verwirrend. Es muß deshalb transparent gemacht werden. Gespräche mit dem Aufsichtspersonal sind einzuplanen.
Es sollte nur eine spezielle Aufgabe beim Besuch verfolgt werden.
Eine Fundgrube für ästhetische Elementarerziehung sind die Heimatmuseen. Hier können Einblicke in die Geschichte der Gegend, in andere Lebensformen, in Wohngewohnheiten und Arbeitswelten gewonnen werden.

5.8. *Das Kind kann Zeichen lesen*

Durch regelmäßiges Üben lernen die Kinder Zeichen lesen und darauf reagieren. Dabei sind alle Arten von Kommunikationszeichen gemeint: In Zeichen übersetzte Gebrauchsanweisungen, Hinweise, Gebots- und Verbotsschilder, jede andere Art von Verkehrsschildern.
Die Kinder werden angeregt, bei eigenen Veranstaltungen und Festen selbst Zeichen zu entwerfen und anzufertigen.

Medien zu 5.

Plakate
Posters
Fotos
Kunstdrucke
Kunstpostkarten
Tafel- und Schaubilder
Diapositive
Filme
Diaskop
Episkop
Filmleinwand
Pinnwand
Für Gestaltungsaufgaben:
Medien von 3.

Grobziel

Gedächtnis für optische und haptische Zusammenhänge

Feinziele

6.1. Das Kind kann optisch oder haptisch Erfahrenes nachträglich
beschreiben

6.2. Das Kind kann eine Ansammlung von Dingen nachträglich aufzählen

6.3. Das Kind kann optische oder haptische Veränderungen feststellen

6.4. Das Kind kann Beobachtetes nachträglich zeichnen

Anmerkungen zu:

6.1. *Das Kind kann optisch oder haptisch Erfahrenes nachträglich
beschreiben*

Steckbriefspiel
Ein Kind stellt sich in die Mitte. Alle Kinder betrachten es sehr genau.
Dann verläßt es den Raum oder zieht sich in eine Ecke zurück, wo es
nicht gesehen werden kann. Nun wird gefragt: Was hatte das Kind an?
Farbe, Schnitt. Welche Haarfarbe, welche Frisur, welche Augenfarbe,
wie groß, welche Schuhe usw.?

Oder: Steckbriefspiel mit Gegenständen.
Der Pädagoge nimmt einen Gegenstand, den die Kinder genau be-
trachtet und besprochen haben, weg.
Nach einiger Zeit werden die Kinder befragt.

Oder: Ein Bild wird betrachtet. Die Kinder beschreiben einem Kind,
das nicht dabei war, am nächsten Tag die Einzelheiten, die sie im Gedächtnis haben.

6.2.   *Das Kind kann eine Ansammlung von Dingen nachträglich aufzählen*

Kimspiel

Der Name geht auf den Roman von Rudyard Kipling „Kim" zurück.
Er handelt von einem kleinen Jungen, der sehr viele Abenteuer be-
steht. Einmal zeigt ihm ein Bazarhändler eine kleine Kiste mit Edel-
steinen. Später soll er Auskunft geben über Anzahl, Form, Größe,
Farbe.
Man legt vor die Kinder 8 Gegenstände. Sie werden benannt und besprochen. Dann deckt man sie mit einem Tuch zu. Anschließend sollen die Kinder die Gegenstände wieder aufzählen.

Oder: Dieses Spiel läßt sich mit vielen Variationen spielen. Gegenstände werden unter einer Decke versteckt und ertastet, Speisen geschmeckt
und dahinter aufgezählt usw. Viele der Sensibilisierungsspiele von 1.
können in Kimspiele verwandelt werden.

Memorys
Jeweils zwei Kartons in Postkartengröße werden mit einer Farbe bemalt oder beklebt. Die Kinder legen konzentriert die Karten mit der
Oberseite nach unten. Eine Karte wird abgehoben. Die Kinder versuchen sich zu erinnern, wo die zweite, gleiche Karte liegt.
Das Spiel läßt sich mit Formen, Mustern, Tastoberflächen etc. spielen.

6.3.   *Das Kind kann optische oder haptische Veränderungen feststellen*

Der Pädagoge verändert den Raum (Stühle anders stellen, Blumen verändern, Bilder umhängen usw.)
Die Kinder erraten die Veränderung.

Oder: Raumveränderungen werden blind ertastet.

Oder: Kimspielanordnung wie vorher. Gegenstände werden ausge-
tauscht. Die Kinder erraten die Veränderung.

6.4.   *Das Kind kann Beobachtetes nachträglich zeichnen*

Die Kinder besprechen ausführlich ein Bild in allen Einzelheiten. Anschließend zeichnen sie den Inhalt. (Siehe auch 5.)

Oder: Die Kinder erhalten Kartons in Postkartengröße. Sie schneiden aus anderen Kartons ‚gestörte geometrische Formen" aus: Dreiecke mit abgeschnittener Ecke, Quadrate mit Loch, Kreise mit eingeschnittenem Dreieck etc. Mit verbundenen Augen ertastet das Kind die Form und zeichnet sie anschließend auf.

Medien zu 6.

Gegenstände für Kimspiele
Kartons für Farb- und Formmemory

Bareis, Alfred: Vom Kritzeln zum Zeichnen und Malen. Donauwörth 1972

Braun-Feldweg, Wilhelm: Mit Kindern malen, zeichnen, formen. Stuttgart 1953

Britsch, Gustav: Theorie der Bildenden Kunst. 1. Auflage Ratingen 1926. 3. Auflage 1952

Daucher, Hans: Künstlerisches und rationalisiertes Sehen. Gesetze des Wahrnehmens und Gestaltens. München 1967.

Daucher, Hans und Seitz, Rudolf: Didaktik der Bildenden Kunst. 1. Auflage München 1969. 5. Auflage 1973

Ebert, Wilhelm: Zum bildnerischen Verhalten des Kindes im Vor- und Grundschulalter. Ratingen 1967

Goodenough, Florence L.: Measurement of Intelligence by Drawings. New York/Chicago 1926

Grözinger, Wolfgang: Kinder kritzeln, zeichnen, malen. Die Frühformen kindlichen Gestaltens. München 3. Auflage 1966

Hartke, Friedrich: Die Seele des Kindes in Zeichnung und Schrift. Ratingen 1962

Herrmann, Hans: Zeichnen fürs Leben. Band 1. Ratingen o. J.

Heymann, Karl (Hrsg.): Kind und Kunst. In: Kind und Kunst, hrsg. von Karl Heymann, Basel 1951

Hils, Karl: Werken für alle. Ravensburg 1953

Kerschensteiner, Georg: Die Entwicklung der zeichnerischen Begabung. München 1905. Neudruck 1929.

Kowalski, Klaus: ... fertig ist das Mondgesicht. Zeichnen, Malen, Formen, Bauen mit Kindern. Stuttgart 1972

Küntzel-Hansen, Margit und Küntzel, Gottfried: Farben, Formen, Klänge. Vorschulkinder in Aktion. Velber 1971

Löwenfeld, Victor: Vom Wesen schöpferischen Gestaltens. Frankfurt a. M. 1960

Löwenfeld, Victor: Die Kunst des Kindes. Frankfurt a. M. 1957

Maili-Dworetzki, Gertrud: Das Bild des Menschen in der Vorstellung und Darstellung des Kleinkindes. Bern und Stuttgart 1957

Meyers, Hans: Fröhliche Kinderkunst. 3. Auflage, München 1953

Meyers, Hans: Stilkunde der naiven Kunst. 2. Auflage Frankfurt 1960

Mexers, Hans: Kind und bildnerisches Gestalten. München 1968

Mühle, Günther: Entwicklungspsychologie des zeichnerischen Gestaltens. 2. Auflage München 1967

Ott, Richard: Urbild der Seele. Bergen II 1949

Read, Herbert: Erziehung durch Kunst. dt. Zürich 1962

Seitz, Rudolf: Zeichnen und Malen mit Kindern. 1. Auflage München 1968. Lizens. Ausgabe Ravensburg. 2. Auflage 1974

Seitz, Rudolf und Daucher, Hans: Didaktik der Bildenden Kunst. München 1. Auflage 1969. 5. Auflage 1973.

Seitz, Rudolf: Ästhetische Elementarbildung. In : Was ist Vorschule. Ravensburg 1972

Steidle, Ferdinand: Wie Kinder gerne malen. München 1965

Zöller, Gerda: Musik und Bewegung im Elementarbereich — ein Beitrag zur Kommunikations- und Kreativitätserziehung. Arbeitsheft 1. Institut für Frühpädagogik. München 1972

Rudolf Seitz

Professor für Kunsterziehung an der Akademie der Bildenden Künste in München

geboren 26. November 1934 in München, Studium an der Akademie der Bildenden Künste und an der Ludwig-Maximilians-Universität München, Schulpraxis in verschiedensten Schultypen und Praxis in außerschulischer Jugendarbeit. Von 1966 bis 1972 Dozent an der Erziehungswissenschaftlichen Fakultät der Universität München, seit 1972 Mitarbeit am Staatsinstitut für Frühpädagogik in München.

Buchveröffentlichungen: „Zeichnen und Malen mit Kindern", 3. Auflage, Ravensburg 1978. „Didaktik der Bildenden Kunst" (zusammen mit Hans Daucher), 9. Auflage, München 1977. „Schulpädagogik" (zusammen mit Helmut Zöpfl als Herausgeber), München 1971. Zahlreiche Aufsätze, Vorträge, Rundfunk- und Fernsehsendungen, Illustrationen. Arbeitsschwerpunkt: Frühpädagogik.